QUIEN APRIETA TUS BOTONES

CÓMO MANEJAR

PERSONAS DIFÍCILES

en TU VIDA

DOCTOR JOHN TOWNSEND

EDITORIAL BETANIA
Una división de Grupo Nelson
Juntos inspiramos al mundo

www.caribebetania.com

*Para todos aquellos que hoy enfrentan una relación difícil
y desean ver días mejores.*

Que Dios les bendiga.

RECONOCIMIENTOS

A Byron Williamson, presidente de Integrity Publishers, por su visión y asociación editorial. Porque cree en la influencia de la palabra escrita y es un líder que idea formas para alcanzar a las personas por medio de los libros.

A Joey Paul, editor de Integrity, por agregar tal valor al hecho de escribir y publicar. Tu apoyo y rica experiencia han sido de un valor incalculable.

A Rob Birkhead, vicepresidente principal de mercadeo de Integrity, por su creatividad y habilidad para transmitir ideas por medio del proceso visual. Su trabajo es muy apreciado.

A Sealy Yates, mi agente, por estar «para» mí en todos estos años de escritor, y por ser un pionero ayudando a las personas a encontrar la gracia de Dios mediante las publicaciones.

A Jeana Ledbetter, mi representante literaria, por captar muy temprano la visión publicitaria de este libro y proveer perspectiva en su creación.

A Anita Palmer, mi editora, por su habilidad y cuidado en reestructurar los pensamientos en palabras para comunicar mejor lo que se quiere decir.

Al Dr. Henry Cloud, mi amigo y colega, por la forma cómo se involucra en el sentido profundo del libro, y sus años al servicio a Dios como respuesta al llamado para ayudar a que otros lo encuentren.

A Maureen Price y los empleados de Cloud-Townsend Resources: Gracias a Jodi Coker, Kevin Doherty, Belinda Falk, Kris Patton y Raúl Peña por su cuidado, dedicación y valores, que han hecho tanta diferencia.

Al personal de Cloud-Townsend Clinic: Dr. John Barrett, Dr. Sharon Bultsma, Laura Crutchfield, Dr. Fran Rodenburg, Brett Veltman y Josh Wilson, por su preparación y sensibilidad para ayudar a quienes necesitan encontrar y experimentar sanidad.

A Steve Arterburn, Mike Marino y al equipo de New Life Ministries: Paul Barnes, Jamie Clark, Jo Crisp, Maureen Fraser, Sue Haffely, Steve Lee, Terry McIntosh, Karen Mendoza, Dianne Nelson, Larry Sonnenburg y Lisa Voyen, por su apoyo y compromiso al usar la radio y los medios como ayuda eficaz para las personas.

A Mike Coleman, presidente de Integrity Media, Inc., por su liderazgo y entrega a comenzar una línea de publicaciones que podrían ayudar a crecer en Cristo.

A los asistentes de Monday Night Solutions en Mariners Church, Irvine, California, por su deseo de crecer relacional, espiritual y emocionalmente.

A los doctores Bruce Narramore, John Carter y Phil Sutherland, por ayudarme a aprender diagnósticos de carácter en un nivel profundo.

A la Facultad del Seminario Teológico de Dallas, por proveerme las herramientas para comprender el pensamiento bíblico.

A mi esposa, Barbi, y a nuestros hijos, Ricky y Benny, por ser la mejor familia que pudiera desear.

CONTENIDO

INTRODUCCIÓN:
EL TENER BOTONES, LOS OPRIMIRÁ

¿ESTÁS EN UNA RELACIÓN QUE a menudo te hace sentir algo de lo señalado en la siguiente lista? Comencemos con un pequeño chequeo de la realidad. Te sientes

- ¿Frustrado?

- ¿Impotente?

- ¿Temeroso?

- ¿Alienado o aislado?

- ¿Ansioso?

- ¿Fuera de control?

- ¿No amado?

- ¿Culpable?

- ¿Confuso?

- ¿Iracundo?

Esta no es de ninguna manera una lista completa. Pero si experimentas algo de lo que aquí se señala, quiere decir que esa relación te crea problemas significativos a ti y quizás también a otros. Es como si ciertos aspectos del comportamiento, palabras o actitudes de esa persona tuvieran el poder y la capacidad de alterar tu ánimo, tu felicidad y aun tu calidad de vida.

Podría ser que estas reacciones tengan más que ver contigo que con la otra persona. Eso es algo que debe comprobarse siempre, por ejemplo, sabiendo si otras personas seguras y cuerdas tienen reacciones similares respecto de ellas, o también pidiéndoles a otros una retroalimentación acerca de tu propio estilo de relacionarte. Pero si resulta que la persona, real y objetivamente está haciendo muchas cosas absurdas o destructivas en la relación contigo, puedes estar tratando con alguien que aprieta botones.

Uno que aprieta botones es alguien que produce muchas reacciones negativas en sus relaciones. Existen dos partes en la ecuación: las tendencias absurdas del aprieta botones, más tus propias vulnerabilidades hacia él o ella. El material en este libro ha sido diseñado para entregarte herramientas no solo para comprender la situación, sino también para desarrollar un enfoque de la relación entre ambos a partir de la influencia que la persona difícil tiene en tu propia vida, y hacer cambios positivos que les permitan crecer a ambos. Veamos algunos ejemplos que pueden graficar estos hechos.

UNA CENA MISERABLE

Mi esposa, Barbi, me dijo una tarde: «Linda y Jim nos han invitado a comer. ¿Vamos?» Estuve de acuerdo. Me agradaba Linda. No conocía a Jim, su esposo, pero una cena me pareció muy bien. Se hicieron las llamadas y arreglos correspondientes y en un par de semanas estábamos en su hogar.

Conversando, mientras comíamos, Linda me agradó aun más. Era cálida, inteligente y entretenida. Era sencilla y una de esas personas que de manera natural hace que otros se sientan bien.

Jim, sin embargo, era diferente. Aunque parecía hacer un esfuerzo por conocernos, fue complicado. Jim simplemente decía y hacía cosas que hacían difícil estar en el mismo lugar con él por mucho rato.

Por ejemplo, cuando Linda nos contaba cómo se conocieron, Jim la interrumpía en medio de la frase.

«¡Cómo se te ocurre, Linda, cuéntales como fue!» dijo. «No fue en ese restaurante, fue en el italiano. Esto es lo que realmente ocurrió». Entonces terminaba el relato desde su propio punto de vista, lo que ridiculizaba a Linda y lo dejaba a él como el bueno de la película.

Fue bastante incómodo. Me sentí mal por Linda, pero luego pensé: *Quizás ese es su estilo como pareja. Él parece estar en todas, pero a lo mejor ella no necesita ser el centro de la atención, no la afecta y está bien».* Yo no podía comprender que ese estilo tan particular se mostrara tan fácilmente ante nosotros, una pareja a la que casi no conocían, pero pensé que tal vez le inspirábamos confianza. Me encontré tratando de justificarlo, y a la vez recordando actitudes mías en contextos sociales que mi esposa no ha recibido con agrado.

Pero la verdad se hizo evidente cuando miré de reojo la cara de Linda. Se veía herida y al mismo tiempo resignada. Aparentemente este era un escenario familiar para ella.

La jornada se tornó aun más grotesca. Jim recibió un llamado en su teléfono celular, cuando estábamos conversando en el salón, y procedió a hablar con un colega de negocios, frente a nosotros, usando un volumen de conversación que nos hacía imposible seguir hablando. Era el tipo de situación en la que él llegaba a un punto con su interlocutor, se sonreía y nos miraba a nosotros para validarlo, como diciendo: «Todos estamos disfrutando con este llamado, ¿verdad?» Linda se veía desdichada, pero no dijo nada, así que yo tampoco lo hice. Esto siguió por un rato. Cuando terminó la llamada, reanudamos nuestra conversación.

Más tarde, después del postre y el café, Barbi y yo nos ofrecimos para ayudar con la loza, y Linda estuvo de acuerdo. La comida le había significado mucho trabajo y se veía algo cansada. Jim exclamó:

—Déjame mostrarte el nuevo centro de entretenimiento, ¡es un sistema fantástico!

Linda dijo:

—Está bien, vayan no más, nosotras ordenamos.

Le respondí:

—No, no nos demoraremos; yo ayudaré también.

Jim señaló:

—Vamos, no le des tanta importancia.

Miré a Linda e indicó que fuéramos. Barbi y ella comenzaron a ordenar. Barbi me miró como diciendo: *Sigámosle la corriente*. Así que fui a la sala de estar.

Jim realmente tenía un fabuloso centro de entretenimiento. Como soy un principiante en estos asuntos, estaba interesado. Pero después de pocos minutos, me di cuenta que se trataba de un discurso muy largo y técnico, muy por sobre mi nivel de interés y lo que yo podía comprender. Siguió, siguió y siguió. Traté de ser amable y prestar atención, pero casi se me cerraban los ojos. Me sentí bastante aliviado cuando se le acabó la cuerda.

Al final de la jornada, le agradecimos a la pareja por habernos invitado y nos preparamos para salir. Pero Jim dijo:

—Tengo que mostrarles cómo vamos a remodelar la casa. Tómense un minuto y les haré un tour.

Ya estábamos atrasados con la persona que dejamos a cargo de los niños, por lo que le dije:

—Gracias, pero debemos irnos. Quizás en otra oportunidad.

Jim insistió:

—Vamos, solo será un segundo. Tenemos grandes planes.

Comenzaba a sentirme molesto con toda la jornada, por lo que dije con más firmeza:

—No, lo siento, de verdad debemos apurarnos.

Jim dijo:

—Oh, vamos, chicos.

Linda intervino:

—Querido, ellos tienen que irse, ¿Okey?

—Entiendo, ¿son demasiado buenos para nosotros, ah? Está bien, vean cómo lloro, ja, ja.

Era una de esas declaraciones oficialmente rotulada *como chiste*, pero uno sabe que la persona, en lo íntimo, está sentida.

Por fin escapamos a nuestro carro y analizamos la jornada camino a casa. Barbi había tenido la misma impresión de Jim. Pensaba que en el fondo era un tipo simpático, pero que sería muy difícil congeniar con él. Nos reímos un poco acerca de cuán larga nos había parecido la comida y de que necesitamos salir nuevamente otra noche para sobreponernos a esta jornada.

Pero lo que más nos dejó esa experiencia fue lástima por la pobre Linda. A ambos nos cayó muy bien y sentimos pena por ella. Era realmente una buena persona y, con Jim, obviamente tenía algunos problemas entre manos. Nosotros habíamos compartido con él solo a la hora de la comida; ella enfrentaba sus actitudes todo el tiempo.

Sabíamos que no los frecuentaríamos como pareja. Sería más lógico pensar que Barbi y Linda se reunieran. Con la forma como apremia el tiempo en esta vida, simplemente uno no quiere organizar veladas con personas con las que no se puede conectar. Y eso fue triste para mí, porque apreciaba a Linda. También sentí que nuestra jornada con ellos era algo que había ocurrido otras veces. Seguramente no habría muchas parejas que aguantarían mucho rato con Jim.

Hubo muchas pérdidas en esta situación. Yo estaba perdiendo el conocer a Linda; ella estaba perdiendo con los demás, y en algún nivel, Jim estaba perdiendo la posibilidad de rodearse de personas que podrían ayudarle a cambiar.

AMO A MAMÁ, PERO...

Existen situaciones más serias de esta misma índole, que muchas veces veo en la sala de consultas. Por ejemplo, establecí contacto con Tony, un profesional de unos treinta y tantos años, cuya madre, Evelyn, era una persona tan destructiva que tanto su propio matrimonio como su condición emocional, estaban en jaque. Por si piensan que esto es una exageración, sepan que ocurre más veces de lo que muchos podrían pensar. Aquí están los hechos.

Evelyn era una alcohólica que negaba serlo. Vivía sola, pero a una distancia que podía conducir al hogar de Tony y su esposa, Jen. Llamaba varias veces al día, y a cualquier hora de la noche, rogándole a Tony que la visitara porque se sentía sola, o porque estaba en una crisis. A veces realmente lo estaba, como cuando accidentalmente le prendía fuego a algo, o se caía y lastimaba. Rehusaba cambiarse a un lugar donde podría recibir asistencia, pero era una de esas personas cuya condición no es lo suficientemente severa como para ser internada en un sitio más seguro. Nunca había estado involucrada con una comunidad de apoyo, por lo que su «único amigo» era Tony. Su dependencia de él era total.

Cuando visitaba su hogar, asustaba a sus hijos con sus desvaríos. Tony no podía invitar a nadie más cuando ella estaba, porque actuaría de manera inapropiada. Hubo veces en que tuvo que llamar a la policía para buscarla cuando salía llorando de la casa por un supuesto menosprecio de Tony o Jen.

Cuando Tony me vino a ver, estaba inundado de culpa, resentimiento y agotamiento. La visitaba tanto como podía, pero nunca era suficiente. Trataba de razonar con ella, ser firme, ignorarla y tratar de que ella tuviera amigos, pero no había caso. Aunque al principio Jen lo apoyaba, después de varios años no quería más con el caos que su suegra causaba y había comenzado a culpar a Tony por no ser firme con ella. Estaba sugiriendo que él se fuera a vivir a otra parte para que ella y los niños pudieran llevar una vida normal. Era uno de esos escenarios tipo *"o ella o yo"*.

Tony tuvo que esforzarse mucho para mejorar las cosas con Evelyn y también con Jen. Estaba en tremendo conflicto: amaba a su mamá, estaba frustrado por sus actitudes, pero temía que se desmoronara. Sin embargo, las acciones que emprendió y las estructuras que armamos, basados en los principios de este libro, mejoraron mucho la situación.

TOMÓ LA DECISIÓN

Aunque la situación de Tony era muy distinta a la de Linda, ambos tenían algo en común: alguien importante para ellos estaba afectando sus vidas en forma muy negativa. No trataban con un extraño o con un enemigo, sino con una persona con quien esperaban tener una relación buena, larga y significativa.

Recientemente tuve noticias de amigos a los que no veía desde hace mucho tiempo y que también conocen a Jim y Linda. Dijeron que Jim no había cambiado y Linda seguía abrumada por su forma de ser. Mis amigos también me contaron que, según sabían, Linda no había adoptado ninguna medida especial para enfrentar el comportamiento de su esposo. Quizá había probado algunas cosas, pero lo que intentó no había funcionado. Quizás se culpaba a ella misma. O a lo mejor pensó que las cosas no estaban tan mal como para buscar soluciones. Durante el tiempo que estuve con ellos, no me pareció que su condición pudiera resolverse sin consejería profesional. Según pude ver, había cosas que Linda podía hacer y que se enseñan en este libro.

El caso de Tony, en cambio, estaba fuera de control, ya que indiscutiblemente él ya no daba más en una situación que era extrema y necesitaba un ambiente más formal para implementar estos principios.

Existe una ironía aquí: la situación de Linda, que era la menos severa no mejoró, pero la situación de Tony, que era la peor realidad, sí. Tony me dijo que sentía que no tenía elección. Debía hacer algo. Reflexioné en la Escritura que dice: «Bienaventurados los que tienen hambre y sed de justicia, porque ellos serán saciados» (Mateo 5.6). Me alegré de que Tony haya dado un gran paso, y espero que algún día Linda también encuentre las respuestas correctas.

¿QUIÉN ES TU *APRIETA BOTONES*?

Probablemente esté fuera de nuestro alcance responder a esta pregunta. Puedes seguramente identificarte con tener una persona, o varias, como Jim o Evelyn en tu vida. Aquel que *aprieta tus botones* podría no tener las mismas actitudes o comportamientos que demostraron ellos, pero él o ella es, en algún nivel, una persona con la cual es difícil simpatizar, querer estar o trabajar. Hay algo en esa persona que te hace más difícil vivir y amar cuando estás con ella. Su forma de ser puede ser tranquila, moderada o severa.

Es importante darse cuenta de que, la mayoría de las veces, se trata de alguien que te importa mucho. Es una persona que tiene peso, significado e importancia en tu vida. Probablemente prefieras arreglar las cosas antes que perder esta relación, porque valoras las cosas buenas que tiene. Pero su carácter y sus patrones de conducta lo hacen muy difícil.

Uña y carne, es la expresión que define la relación del que te aprieta el botón. Esa persona es parte de tu vida y te importa. Ese es el prerrequisito. Puede ser un cónyuge, un padre o un amigo. Generalmente es alguien que tiene una relación sanguínea contigo (relaciones familiares); de amor (romance y amistades), o de dinero (relaciones de trabajo). Sangre, amor y dinero son fuerzas poderosas que crean lazos. No son cosas malas. De hecho, son parte del adhesivo que une y sostiene la vida, la cultura y la civilización. Son solo categorías para poder comprender tus relaciones.

Existen muchos tipos de personas que *aprietan botones*, y pueden hallarse en distintos escenarios de tu vida. Aquí va una muestra.

- El jefe controlador que administra muy de cerca a las personas.

- El hijo adulto dependiente que te desgasta constantemente.

- El esposo indiferente que no se comunica.

- La esposa que echa culpas por todo y que no asume sus propias responsabilidades.

- La víctima que quiere que la rescates de todos sus embrollos.

- El amigo espiritualizador que predica en vez de escuchar.

- El cónyuge impredecible que en un momento se aferra fuertemente a ti y al otro te rechaza.

- El novio irresponsable con el cual no se puede contar.

- La persona engañosa que transforma la verdad en mentiras blancas o negras.

- La madre centrada en sí misma que vuelve todo hacia ella.

- El compañero de trabajo caprichoso cuyos altos y bajos controlan el ambiente laboral.

- El alcohólico o drogadicto que provoca caos en las vidas de los demás.

- El padre iracundo que tiene a todos caminando en ascuas.

- El pariente chismoso que provoca divisiones en la familia.

- La lista podría seguir interminablemente.

ENTONCES, ¿CUÁLES SON MIS BOTONES?

Sin embargo, para que haya un problema, debe existir un botón dentro de ti que esté siendo oprimido. O sea, esta persona tiene un efecto muy real y específico en tu vida, tus emociones y tus actitudes. Te saca de quicio de modos que otros no lo hacen.

El rango de tus posibles reacciones es casi interminable, pero aquí van algunos de los más universales.

Desconexión

Aunque quieras establecer alguna cercanía, empatía o intimidad con la persona que *aprieta tus botones*, esto no ocurre. Puede ser porque no responde a ti y se retira emocionalmente. El *no puedo alcanzarla* es una experiencia común. O puede ser porque sus acciones no son congruentes con sus palabras, por lo que te sientes confundido. A veces se debe al hecho de que debes evitar cualquier cercanía porque la relación no es segura para ti en ese momento. La persona que está con un aprieta botones sentirá a menudo que *no está con él*, que no entra en su mundo ni en su experiencia. O puede parecer que tus sentimientos no le importan. Este tipo de desconexión causa sentimientos profundos de aislamiento, alienación y soledad.

Amor en disminución

A menudo, la persona siente que el amor va disminuyendo. Ya no siente que «está enamorada» si la situación se refiere a un cónyuge o a una relación de pareja. O no experimenta calidez y afecto como antes. Es como si todo lo que es y hace el aprieta botones va destruyendo el amor que sentía por él. A veces, piensa que el amor ha muerto y que nunca podrá renacer.

De hecho, esto puede ser una señal alentadora para alguien que está relacionado con una persona difícil. Si disminuye el amor, eso indica que la persona tuvo un lugar significativo en tu mente, corazón y vida. Te importaba. Alguien que te ha importado tiene mejores posibilidades de ser restablecido en tu afecto que alguien al que nunca quisiste mucho.

Impotencia

También puede ocurrir que sientas que no hay nada que hacer para cambiar la situación, ni el comportamiento del que *aprieta los botones* o la relación misma. Puedes haberlo intentado hablando, razonando, invitando o amenazando, y nada parece cambiar. Esto describe un problema de poder, en el cual quien *oprime los botones* es dueño de las decisiones y movimientos, en vez de que esto se comparta entre ambos.

En una buena relación, ambas personas comparten responsabilidades, iniciativas, solución de problemas y elecciones de forma más o menos equitativa. Pero en una relación aprieta botones, el individuo a menudo se siente impotente y frustrado. Ellos quieren y desean que ocurra lo mejor, pero no han encontrado la fórmula para mejorar las cosas. Este libro trata específicamente con el uso del poder y las alternativas que tienes, de las cuales podrías no estar consciente, o que has temido ocupar en la relación.

Saca lo peor de ti

A menudo puedes encontrar que tienes sentimientos, pensamientos, comportamientos y palabras que no te gustan de ti mismo cuando estás con quien te *aprieta los botones*. Es como si sus asuntos desencadenaran tu lado oscuro. Puedes encontrarte más enojado de lo que te gustaría estar, por la tristeza o por el distanciamiento de tus relaciones. A veces puedes hasta sentirte vengativo o cruel, jugando con situaciones del pasado.

Este es un signo evidente de una relación incómoda. Dios nos diseñó de manera que las buenas relaciones hagan salir y alienten lo mejor en nosotros: amor, cuidado y habilidad para entregarnos libremente. Cuando no te gusta lo que eres como resultado de estar con quien te *aprieta los botones*, es hora de hacer algunos cambios.

Otras relaciones afectadas

A menudo la *persona que aprieta botones* tiene el poder de influir sobre el manejo de tus demás afectos. Puedes descubrir, por ejemplo, que has llegado a estar obsesionado y demasiado enfocado en esta relación compleja.

¿Alguna vez has tenido la inusual experiencia de estar comiendo con alguien y sentir que hay una tercera persona que no está físicamente presente? Tu amigo(a) está tan obsesionado con la persona problema que para el caso hasta podría pagar su cuenta. Esa es una señal clara que la persona difícil está en control, y aunque necesita ser amada, debe ser despedida de ese rol.

Pérdida de esperanza

Quizás la peor consecuencia de estar con una persona que *aprieta botones* es que algunos pierden la esperanza de que algo pueda cambiar. Piensan que las cosas siempre estarán mal y que deben resignarse o dejarlo.

Esto es muy serio porque todos necesitamos esperanza. Esta es lo que nos anima a luchar por una vida y un futuro mejor. Cuando ella desaparece, nos damos por vencidos. Un axioma sabio dice: «La esperanza que se demora es tormento del corazón» (Proverbios 13.12).

Por cierto, hay quienes utilizan su libertad para resistir cualquier tipo de cambio. Nadie niega eso. Sin embargo, mi experiencia es que por lo general, alguien en la vida del *aprieta botones no tuvo ni la información, ni los recursos ni el valor necesarios para ayudarlo a cambiar.* O no supo qué hacer, o no tuvo apoyo, o tenía demasiado temor para hacer cambios efectivos. Hablaremos acerca de establecer una esperanza sustancial en las siguientes páginas.[1]

LO QUE TE DEBERÍAN
ENTREGAR LAS RELACIONES

Sin embargo, las personas que tienen a un *aprieta botones* en su vida por mucho tiempo han olvidado, o nunca supieron, lo que les debería aportar una buena relación. No conocen lo que es «normal», de la misma forma que un pez no sabe lo que es estar mojado. Así es de importante comprender el valor y la naturaleza de las relaciones.

Las conexiones humanas son una de las mayores experiencias que cualquiera puede disfrutar en la vida. El hombre rico que no las tiene está empobrecido; el hombre pobre que las tiene es rico. Dios mismo es relacional en el centro de su ser: Él es amor (1 Juan 4.16).

Y nos diseñó para estar en, depender de, disfrutar con y crecer a partir las relaciones interpersonales.

Considera tus relaciones como «el sistema de entrega» para tantas de las cosas buenas que necesitamos en la vida. Necesitamos amor, seguridad, gracia, calidez, ánimo, verdad y retroalimentación, perdón y tanto más. Estos elementos hacen que la vida sea plena, significativa, con propósito y agradable.

Sin conexiones sólidas y duraderas, sufrimos en muchos niveles. Los estudios indican que personas con relaciones enfermas o pobres tienen más problemas médicos y psicológicos, y generalmente experimentan una calidad de vida deficiente.

Toma un momento para comparar las relaciones sanas que tienes, con la del *aprieta botones*, no en forma condenatoria, sino para hacerse un cuadro de lo que podría ser la vida de otra forma. Tú y esta persona fueron diseñados para ayudarse y apoyarse mutuamente por las avenidas de la vida, para llegar a ser las personas que Dios quiso y diseñó.

Esto no quiere decir que aun las buenas conexiones no tengan sus valles; todas los tienen. Pero cuando ambas personas están en el camino del crecimiento, desarrollan capacidades que cubren y resuelven problemas. Ellos asumen su parte en el conflicto; permiten que la otra persona conozca sus sentimientos, y se esfuerzan por conocer el corazón del otro; aceptan la responsabilidad de ayudar al crecimiento de la relación; perdonan, cambian y siguen adelante.

¿CÓMO ES QUE ME «ALCANZA»?

A menudo, alguien en una relación que aprieta sus *botones* viene y me dice: «*¿Por qué permito que ella haga esto conmigo?*» «*¿Por qué no puedo, simplemente, dejar pasar lo que me dice?*» Estas preguntas implican que algo anda mal contigo si tienes reacciones negativas respecto del individuo, porque no debería importarte tanto como lo hace.

Este libro te ayudará a ser menos reactivo hacia esa persona, y eso es importante. Necesitas estar en control de ti mismo y de tus respuestas. Te ayudaremos a aprender a manejarte mejor contra ataques verbales, irresponsabilidad, retirada y cosas parecidas. Eso te ayudará enormemente a tratar con esa persona y a lograr un cambio.

Cuando te importa, eres vulnerable. Al mismo tiempo, sin embargo, comprende lo siguiente: el hecho que otros te puedan afectar profundamente dice algunas cosas muy buenas acerca de quién eres. Si puedes apreciar a otra persona tanto que te hace sentir desquiciado e impotente, tienes la capacidad de amar y relacionarte, y eso es algo maravilloso. Esta capacidad es uno de los aspectos más importantes de lo que es estar vivo y ser humano. Si puedes sentir, si te importa, si eres vulnerable, si te frustras, amas u odias, entonces no estás muerto por dentro sino vivo.

Dolor «normal»

Estuve trabajando con Cathy y Dave, una pareja que salían juntos y estaban considerando el matrimonio, pero experimentaban problemas. La versión resumida es que él estaba muy pendiente de sí mismo y ella se estaba cansando de estar constantemente cuidando su ego y que él nunca le preguntara ni siquiera cómo se sentía ella. La experiencia de Dave era que las cosas básicamente andaban bien. Él asistía a la consejería para complacer a Cathy. En su mente, su mayor problema era que Cathy le pedía demasiado y creía que si ella dejaba de hacerlo, ambos serían felices.

Cathy no era perfecta, pero yo estuve de su lado en esto. Dave era muy centrado en sí mismo. Y el hecho de que ella experimentara más soledad, necesidad e impotencia que Dave, realmente la molestaba.

Ella me dijo: «Yo debería ser como Dave. ¿No le importa realmente lo que hago?»

Le dije: «Olvídalo. Si tú, Cathy, fueras tan narcisista como lo eres tú, Dave, nadie estaría trabajando en esta relación».

Estaba hablando con ambos en la consulta al mismo tiempo. A Dave no le gustó escuchar eso, pero comenzó a ver que el dolor de Cathy era normal y su falta era lo anormal. Se puso a trabajar en su extremo egocentrismo. Demoró algún tiempo. De hecho, al fin se separaron por esto. Sin embargo, Dave mejoró y terminó casándose con otra persona, tal como lo hizo Cathy.

Si está experimentando el dolor de una reacion difícil, estás en buena compañía porque Dios mismo es así. Él nos ama profunda y emocionalmente y, de forma misteriosa, podemos *«apretar sus botones»*. Estudia el conflicto en el corazón de Dios cuando trataba con gente difícil:

> ¿Cómo podré abandonarte, oh Efraín?
> ¿Te entregaré yo, Israel?
> ¿Cómo podré yo hacerte como Adma,
> o ponerte como a Zeboim?
> Mi corazón se conmueve dentro de mí,
> se inflama toda mi compasión (Oseas 11.8).

Es un cuadro impresionante: un Creador todopoderoso que llega a ser tan vulnerable a causa de nosotros que experimenta compasión. A pesar de su poder y su fuerza, puede ser afectado en lo profundo por aquellos que ama.

No permitir que alguien te importe, te irrite o te altere en lo más mínimo, es estar desconectado de lo que es importante. Aquellos que nunca permiten que otros los afecten están mal. Pueden estar emocionalmente desconectados de sus propios corazones, debido a algún daño relacional anterior. Pueden haberse dado por vencidos en sus relaciones, y simplemente haberse concentrado en negocios, trabajo o incluso en adicciones. O, como Dave, pueden tener el problema de estar tan centrados en sí mismos al punto que otras personas existen como objetos, no como individuos. Cualquiera sea la razón, no es bueno.

Elie Wiesel, el gran sobreviviente del holocausto judío y ganador del Premio Nobel de la Paz lo expresó así: «Lo opuesto al amor no es el odio, es la indiferencia».

El pensador cristiano C.S. Lewis escribió algo parecido:

> Amar es ser vulnerable… La alternativa a la tragedia, o al menos al riesgo de la tragedia, es la perdición. El único lugar fuera del cielo donde puedes estar perfectamente seguro de todos los peligros y perturbaciones del amor es el infierno. (De: *«The Four Loves».*)

Por lo que volverse piedra, llegar a ser inalterable o inhumano, no es la respuesta. No es allí donde reside la vida o el amor. Al contrario, uno de los propósitos más importantes para ti de este libro *es aprender a sentir profundamente por la otra persona y por la relación, pero al mismo tiempo ser libre para responder en forma sana y efectiva a su comportamiento, para que puedas producir cambios.*

Dolor versus daño

Existe, sin embargo, una diferencia entre ser lastimado, lo que involucra dolor, y ser herido, que implica daño. Puedes sentir dolor y emociones negativas como resultado de estar con quien te *aprieta los botones*. Ese es simplemente el precio del proceso, el precio de amar. Pero permitir que la falta de respuesta de la otra persona te hiera de alguna manera no es bueno para ti ni para ella. Tus relaciones deberán golpearte a veces, pero no debieran enviarte al hospital. Eso debe ser tratado, y este libro te mostrará cómo hacerlo.

Aquellos que más te importan pueden ser los que más te incomodan. Es más, los que te *aprietan los botones* te importan sobremanera por alguna razón, seguramente por una muy buena. Cuando las personas nos importan, tendemos a darles acceso a nuestro espacio interior, lo que no hacemos con otros.

Es importante comprender que esta persona te puede afectar de una manera que otros no pueden hacerlo. El rango de formas en que tu aprieta botones puede influir en ti es enorme y de largo alcance. Él puede (o quizás, podía) traerte momentos de cercanía, intimidad, pasión, diversión y unión espiritual. Al mismo tiempo, sus lados más oscuros pueden influenciarte hacia la frustración, desconexión, impotencia, tristeza y sentirte no amado. La intensidad de este efecto en ti es directamente proporcional a la profundidad del apego que le tienes.

En otras palabras, *si el que te aprieta los botones no te importara tanto, no podría afectarte tanto.* La persona que te atiende en el supermercado puede ser mal humorada, pero su mal genio no te desestabiliza como lo hace esta persona.

Hace poco, estaba ordenando una hamburguesa en un restaurante de comida rápida. El hombre que me atendía parecía estar impaciente y fue brusco conmigo. A veces, en esas situaciones, le digo algo a la persona, o voy a la gerencia si el asunto lo amerita. Yo trabajé de mozo por muchos años cuando estudiaba el postgrado, por lo que me preocupa un buen servicio. En este caso no dije nada, pensando: «*Está bien, quizás es mi percepción, y de cualquier manera su trabajo es harto duro. Probablemente aprieta los botones a otra persona*».

Más tarde ese mismo día, uno de mis hijos parecía estar un poco impaciente y brusco conmigo. Inmediatamente reaccioné diciéndole algo como: «¡Esta falta de respeto es inaceptable, y si quieres volver a ver alguna vez tu colección de discos compactos, tendrás que cambiar tu tonito!» No fue un punto alto en mi vida de padre. Mi hijo había cometido una falta y yo lo estaba tratando como un delito mayor. De hecho, yo no considero a mis hijos como *aprieta botones*. (¡Quizás no puedan decir lo mismo de mí!) Pero los relatos ilustran este punto: *aquellos que más nos importan serán los que más nos afectan.*

Escoge desde lo débil

Existen también unas razones no tan sanas por las que permitimos que los que *aprietan botones* nos alcancen. A veces les estamos pidiendo algo que ellos no nos pueden proveer, o que no deberíamos pedirles.

Escogemos a las personas por diferentes motivos, algunos sanos y otros locos. Básicamente hay cosas que quieres de la otra persona que valoras, lo reconozcas o no. Algunas cosas buenas que deseas son compañerismo, intimidad, aceptación, madurez, estructura, responsabilidad y espiritualidad. Estos son los elementos de unas relaciones muy buenas.

Sin embargo, hay otra lista que puede ser problemática. No es que estas cosas sean malas, pero puede no ser apropiado esperarlas de esa persona. Por ejemplo, algunos que temen al conflicto, en vez de aprender a discutir, encuentran a una persona agresiva y argumentativa que les haga el trabajo. O alguien que no se siente querido buscará a alguien que le dé gracia y compasión las veinticuatro horas del día, los siete días de la semana, sin interrupcion de la verdad o la honestidad. O alguien que es caótico y desordenado buscará una persona altamente organizada y compulsiva.

A pesar de que es bueno buscar las fortalezas de una persona, ten cuidado cuando quieres que ella llene tus vacíos y partes débiles. Es casi una garantía que resultará una de dos cosas: Estarás frustrado porque no te podrán dar lo suficiente de lo que necesitas, o llegarán a ser controladores, distantes o no demostrativos porque —o te sienten como a un padre— o en escenarios más lúgubres, como si tuvieran licencia para hacer lo que quieran contigo.

Cuando lo miras así, tiene sentido que el que te *aprieta los botones* puede tocar tu interior y descolocarte. Está a cargo de una parte importante en la que necesitas ayuda. Es una posición peligrosa y este libro te ayudará a salir de ese tipo de dependencia de la persona equivocada, y a ser dependiente cuando corresponde.

CREA UNA ESPERANZA QUE SEA REAL

La esperanza de que las cosas puedan cambiar no está basada en ilusiones. En los muchos libros que he leído acerca de personas difíciles, hay abundante información que describe a los tipos de personas que hacen difícil la vida. Pero, a menudo, las soluciones entregan un sentido de desesperanza. La idea parece ser que estas personas nunca cambiarán, por lo que tú deberás cambiar, o irte y salir de la situación, o simplemente aprender a actuar con una mala situación. Algunas fuentes dan esperanza de un cambio mínimo, y eso es todo: *dicen que este tipo de personas que están fijados en sus actitudes, raramente cambian.*

Las personas pueden cambiar

Hace poco estuve escuchando uno de los muchos programas radiales al que el público llama por consejería. El problema de la persona que llamaba era que su esposo era poco comunicativo y algo irresponsable. El consejero dijo algo como: «Ese es un problema de carácter; esas personas no cambian. Tu única opción es decidir si puedes vivir con él así como es o dejar la relación».

Me indignó oír eso. No es verdad que las personas con problemas de carácter no puedan cambiar. Sin negar que las cosas puedan ser verdaderamente muy difíciles, creo que la Biblia, la realidad, los estudios científicos y mi propia experiencia se unen para proveer más esperanza. Las personas difíciles que *aprietan botones* pueden cambiar, y de hecho lo hacen constantemente, de formas profundas y duraderas. Lo he visto, y muchos otros han sido testigos y participantes en esto.

Dios ha estado siempre en el negocio de cambiar a personas difíciles. El apóstol Pablo, uno de los mayores escritores de la Biblia, dijo que antes que Dios lo transformara había sido «el primero de los pecadores» (1 Timoteo 1.15).

Mírenlo bajo este prisma: *en un sentido, el que aprieta tus botones está en desventaja*, pero el Señor ha hecho un trabajo de ingeniería al colocar varias influencias en su vida, de modo que se corrija y prosiga por los caminos indicados. Hay mucho que puedes hacer, y que Dios puede hacer por medio de ti: «Yo conozco que todo lo puedes, y que no hay pensamiento que se esconda de ti» (Job 42.2). ¡Estamos hablando acerca de la Omnipotencia personificada que está de parte tuya! Tiene que existir algún valor allí. Y los siete recursos para cambiar que presentaremos en la sección tres fueron diseñados para rodear a esa persona difícil con amor, verdad, realidad y otras cosas. Puede no haber garantía de cambio, ya que los seres humanos poseen el libre albedrío de escoger pobremente. Pero es bueno tener una perspectiva correcta y plena.

Dale forma a la visión

Ser un agente de cambio implicará algo de trabajo, tiempo y energía. Necesitarás experimentar la esperanza de que lo que quieres que ocurra en la relación con el que *aprieta tus botones, ocurrirá*. La esperanza que está basada en la realidad, y no en la ilusión, te dará una visión que te ayudará a perseverar en los pasos adecuados.

Aunque aprenderemos en el capítulo cuatro a dar forma a esa propia visión individual para tu situación, la idea general es esta: *que la calidad de tu relación mejora porque la otra persona está asumiendo la responsabilidad de cambiar sus comportamientos y actitudes problemáticas.*

Parece sencillo, pero todos los elementos que necesitas están allí. En última instancia estás buscando una relación mejorada con el que *aprieta tus botones*. Esto puede significar más intimidad, más libertad, más compartir responsabilidades, menos crítica, menos control y muchas otras cosas. Sin embargo, ya que los asuntos de la otra parte son en su conexión como un gigantesco embotellamiento de tránsito, atajan todas las cosas buenas que quieres en la relación. Tu esperanza es que la persona lo capte, y comience a asumir lo que debe ser su contribución; comience a desbloquear el embotellamiento y a permitir que fluya lo bueno que esperas.

En mi consejería, charlas y en mi vida personal, he visto cambios y crecimiento que ocurren de muchas maneras.

- El jefe controlador comienza a actuar en forma más aceptable y a dar alivio a sus empleados.

- El hijo adulto dependiente madura y establece una vida propia.

- El esposo distante comienza a abrirse emocionalmente.

- La esposa que culpa pide perdón y se preocupa de su parte.

- La víctima se vuelve más fuerte y más autónoma.

- El amigo espiritualizante enfrenta la vida en forma más realista.

- El novio irresponsable se torna más confiable.

- La persona engañosa se torna más honrada.

- La madre absorta en sí misma aprende a preocuparse por las experiencias de otros.

- El alcohólico o drogadicto busca ayuda, se levanta y llega a ser un aporte a la vida.

- El padre iracundo se pone más amable y menos reactivo.

- La pariente chismosa le coloca límites a su lengua.

Verás que no estamos hablando aquí acerca de la perfección; si tienes tendencias idealistas o perfeccionistas, arrójalas por la ventana si quieres tener éxito con la persona que te *aprieta los botones*. Eso puede arruinar tu relación. Estás buscando una mejoría, mejor si es mucha, pero satisfácete con eso, no con la perfección.

ESCAPAR ES PARA DEBILUCHOS
(CON ALGUNAS EXCEPCIONES)

Puede ser un poco sobrecogedor: ver impresas todas las formas en que la persona que te *aprieta los botones* puede afectarte, y cómo eso ocurre, es lógico que te preguntes si vale la pena guardar la relación, o si sería mejor ponerle término. *¿Por qué aguantar esto?* ¿Por qué no cortar los lazos y seguir adelante? No hay duda que existen momentos en que una relación debería terminarse y los presentaremos en este libro.

Incluso, algunas personas han sido dañadas seriamente por no haberse retirado a tiempo. Si estás realmente en una posición peligrosa, nadie en su sano juicio te diría que te quedaras en peligro. Esto puede significar dejar el hogar o separarse por un tiempo para tratar el problema con seguridad. No quiere decir, sin embargo, irse definitivamente. Como veremos más adelante, puede haber un gran beneficio en una separación cuando existe un plan estructurado para enfrentar los problemas.

Habiendo dicho esto, sin embargo, en mi experiencia, *la gran mayoría de las personas se dan por vencidas demasiado pronto con quienes aprietan sus botones.* Poseen un limitado repertorio de respuestas, ninguna de las cuales es eficaz y, como la situación se presenta en forma gradual, los deja con menos opciones. Así pierden la esperanza y se dan por vencidos. Este libro proveerá estrategia e ideas que pueden ayudar a revertir esta situación. Por lo que, por ahora, digamos que, con alguna excepción, sigue en la relación, pero de una manera diferente que antes. Enfrenta tus problemas, desarrolla habilidades y manos a la obra.

Recuerda también que *tienes una inversión en la relación.* Es una persona importante en tu vida. Seguramente has pasado muchas, muchas horas, días o años involucrado en ella. Una relación es una inversión de tu tiempo, energía y alma. Aunque hoy parezca volverte loco, puede tener un costo demasiado grande dejarla si hay cosas que puedes hacer para mejorarla. Demasiadas personas se dan por vencidas antes de tiempo.

El amor no se va

A un nivel más profundo, es importante comprender que la naturaleza del amor es quedarse. Las relaciones de amor (a diferencia de las de tareas o negocios) son diseñadas para desarrollarse, crecer y madurar a través del tiempo, al ir creciendo también las personas. El amor trata de que las cosas mejoren, no empeoren, entre más te quedas. Quien te *aprieta los botones* no es alguien a quien podrías dejar fácil y ligeramente. Estás entretejido en muchos niveles. Vale la pena mirar la forma en que el amor que se tuvieron, y que deseas, puede ser revivido y reanimado.

Vivimos en una época y en una cultura en la que a veces las relaciones se ven como dispensables y fácilmente reemplazables. Cuando una persona demuestra su egoísmo y tiene una fuerte discusión, el pensamiento generalizado es que debes salir y seguir tu camino.

Y esa manera de pensar se ve reforzada por la certeza de que existen muchísimas personas con las cuales uno puede volver a involucrarse. Mis amigos solteros algunas veces están descontentos con el tipo de chicas o chicos con quienes salen, pero no parece haber escasez de relaciones de rebote entre las cuales escoger. Puedes encontrar otro trabajo, puedes hallar otra iglesia y hasta nuevos amigos.

Sin embargo, debo advertirte del peligro muy real de vivir relaciones en serie. Es algo como el asesino en serie, en ambos casos quedan cadáveres dispersos por todas partes y la persona sigue buscando otro. Puede ser un alivio para ti librarte del que te molesta, pero no has desarrollado nada duradero. La vida no fue diseñada para vivirse en varios intensos períodos cortos de relaciones; por lo menos no las relaciones importantes.

Recuerdo una entrevista en televisión hace muchos años en la que un actor con la reputación de mujeriego fue tildado de «superamante» o algo parecido. El actor respondió: «No, no lo soy. El hombre que ha estado felizmente casado por cincuenta años es un superamante».

El hecho de que estés leyendo este libro puede indicar que no has decidido marcharte aún, si la relación con la persona que *aprieta tus botones* es crítica. Puedes estar en tu último intento. Puedes estar con alguien que solo te *aprieta levemente los botones* y no estás pensando marcharte. O puedes estar en el centro, con una persona moderadamente desquiciada con la que no estás seguro de querer seguir.

Luego están aquellos que por sus circunstancias *no pueden realmente retirarse*. Puedes estar en un trabajo que efectivamente necesitas. Puedes tener creencias acerca del divorcio que te impiden partir. Podría tratarse de un miembro de tu familia que se quedará en tu vida sea como sea. Si estás en esta situación, espero que este libro cambie tu *«no puedo irme»* a un *«no quiero irme»*. Muchas personas a través de los años han aprendido cómo ayudar a la persona que *aprieta sus botones* a ser alguien más fácil con quien convivir.

¿QUIÉN, YO, UN *APRIETA BOTONES*?

Bien, aquí está la mala noticia que debes atender: ¡Es posible que tú seas quien le *aprieta los botones* a otra persona! Ese no es un pensamiento agradable, pero es importante. Recuerda, la naturaleza de las relaciones cercanas es que nos importamos y nos afectamos mutuamente. Sin siquiera saberlo, tus actitudes y comportamientos pueden estar trastornando a otro también.

Puedes estar causándole «culpabilidad» a tu cónyuge o novio cuando él dice que no quiere ir a un restaurante que a ti te gusta, por ejemplo. *«Después de todo lo que yo hago por ti, ¿es así como demuestras tu gratitud?»* O quizás estés tratando de controlarlo de manera disimulada como, *«Creo que seguramente te gustaría visitar a mi familia este fin de semana, ¿verdad?»* Ayuda estar consciente y abierto a esta posibilidad, incluso a que seas *un aprieta botones del que te oprime lo tuyos*, en una danza mutuamente difícil. Como enseña la Biblia «Saca primero la viga de tu propio ojo, y entonces verás bien para sacar la paja del ojo de tu hermano» (Mateo 7.5).

Sin embargo, tú no puedes calcular si eres el que *aprieta los botones* por la reacción del otro hacia ti. En muchas oportunidades puede frustrar a la otra persona y puede que el problema sea suyo y no tuyo. Por ejemplo, rechazar la falta de respeto verbal puede llevar la otra persona a decir: «*¡Eres hipersensible. No puedo actuar con naturalidad contigo. Relájate!*» Por cierto no es el momento de relajarte. Al contrario, es el momento de enfrentar y tratar con el problema, como te mostraremos en este libro. Asegúrate de que lo que es tuyo es tuyo y lo que es de él es de él, una idea que desarrollaremos más adelante.

Cómo llegar a los cambios

Tener esperanza no es suficiente, sin embargo. Llegar a los cambios que deseas requiere algunos elementos y aspectos de ayuda. A continuación vienen en este libro los principios que te proveerán ayuda para tratar eficazmente con tu persona difícil:

Comprende al que aprieta tus botones. El capítulo uno presentará una visión amplia de cómo piensan, sienten y actúan en general los aprieta botones. Miraremos a la persona bajo su infantilismo, control, desconexión, etc. Verás el tipo de situaciones que origina una persona difícil. Los *aprieta botones* se ven a sí mismos, a otros y al mundo de un modo particular, y nos ayudará saber acerca de eso.

Diagnostica la enfermedad. El capítulo dos provee herramientas para ayudarte a evaluar tu situación específica y particular. Necesitas aprender a observar su comportamiento, lo que lo podría estar causando y cuán severa puede ser la situación.

Comprende tus propios intentos fallidos. Muchas veces la otra persona está confundida porque lo que podría hacerlo cambiar (confrontación, recordatorios, ruegos) no funciona para el que aprieta botones. El capítulo tres te ayudará a entender por qué eso es así. Esto te permitirá dejar de lado lo que no funciona y nunca funcionará, y seguir con lo que sí da resultados.

Una visión para el cambio. Después el capítulo cuatro presentará un cuadro más claro de lo que quieres ver y experimentar en la persona que *aprieta tus botones*, tanto a nivel externo como interno.

Provee los recursos para navegar en el cambio. La mayoría de tu tiempo lo pasarás aquí, en la sección tres (capítulos seis al once). Aprenderás los siete recursos clave que tienes a tu disposición, los que pueden ser aplicados a tu situación y relación.

Recurso #1: *Dios*, el que promueve y da el poder para cambiar.

Recurso #2: *Tu vida*, todas las formas en que tú, como persona en crecimiento, puedes influir en la relación.

Recurso #3: *Otros*, la poderosa ayuda que pueden entregar personas seguras y sanas.

Recurso #4: *Tu posición*, cómo enfrentas a la persona que *aprieta tus botones* con tu actitud y orientación hacia él y el problema.

Recurso #5: *Tus palabras*, qué decir y cómo decirlo.

Recurso #6: *Tus acciones*, comportamientos a ejecutar que pueden ser necesarios como consecuencias.

Recurso #7: *El proceso*, cómo saber qué hacer en el tiempo, ya que el mismo ayuda a cambiar las cosas.

Puedes encontrar que tu situación requiere intervenciones con un enfoque global multifacético. O puede ser que unas pocas ideas y conceptos produzcan un cambio. La mayoría de las personas con un *aprieta botones* encuentran que requiere de varios recursos e ideas que se integren durante un período de tiempo. Pero la ventaja aquí es que tú estás a cargo del proceso, en vez de que los asuntos de la otra parte controlen las cosas. Tiene sentido que *la cordura reine sobre la insensatez.* El camino te dará el control para que seas agente de cambio en la relación.

ATRÉVETE A SALTAR, EL AGUA ESTÁ BUENA

Así que comienza a involucrarte en este material. Sé receptivo para ver las cosas de una forma novedosa. De hecho, míralo como dar algunos pasos de fe. La fe implica confiar en el amor y los recursos de Dios aunque no sean visibles a nuestros ojos. Estos principios se originan en el carácter, la gracia y las palabras de Dios.

Ahora, echémosle una mirada a por qué la persona que *aprieta tus botones* es como es, y cómo experimenta el mundo.

Primera Parte

ENTIENDE A
TU APRIETA BOTONES

LA VISTA DESDE EL INTERIOR: CÓMO ESTÁN CONSTITUIDOS LOS APRIETA *BOTONES*

ESTUVE CONVERSANDO CON BRIAN Y CINDY, amigos míos, acerca de su hijo Dylan, de veintitantos años. Era un problema para ellos. No terminó la universidad, se había mudado de vuelta a casa, no mantenía un empleo estable, tenía una actitud descortés permanentemente, y mostraba indicios de consumir drogas. Era un verdadero desastre. Habían intentado hablarle, apoyarlo, animarlo a buscar un empleo y salir de casa, pero habitualmente debían enfrentar resentimiento, culpabilidad y excusas.

Me contaron lo que sabían para que pudiera hacerme una idea más completa y ayudarles con algún enfoque y estrategias para mejorar las cosas. Pero mientras me familiarizaba con las circunstancias, noté que algo más pasaba con Cindy. Al principio no le presté mucha atención y quedó en la periferia de mi atención. Pero a medida que avanzaba la tarde, esto pasó al centro del escenario.

Cindy no podía ir más allá del hecho que Dylan no les escuchaba. Vez tras vez, en varias declaraciones distintas, demostró que nunca había realmente aceptado que él veía la vida de manera diferente que ellos. Mientras Brian parecía vivir más en la realidad, Cindy estaba desconcertada y protestaba sobre lo que ocurría.

Por ejemplo, decía cosas como: *Simplemente no lo puedo creer. Le hemos dado todo.* O, *¿por qué no escucha y madura?* O, *hemos tratado de razonar con él y apoyarlo, pero actúa como si estuviéramos en contra de él.*

Todas estas son respuestas bastante razonables y naturales cuando alguien está causando dificultades en tu vida y no está cambiando. Pero en algún momento tendrás que moverte más allá de la impresión y la protesta, aceptar las cosas y comenzar con las acciones. Cindy, sin embargo, no estaba lista para eso.

Me di cuenta que nada constructivo ocurriría mientras ella permaneciera en su etapa de protesta. Seguiría estando sorprendida y asombrada por lo que para mí era una actitud entre algunos adultos jóvenes que rehúsan tomar responsabilidades y madurar. Su sorpresa y asombro jugaban en contra cada vez que Dylan se mostraba tal cual él era, y en esa forma ella nunca podría tratar efectivamente con él.

Así que usé una metáfora que he encontrado muy útil en situaciones similares. Le dije a Cindy:

—Déjame hacerte una pregunta. Estás en el zoológico. Vas pasando por la jaula del león y te das cuenta que la puerta está totalmente abierta y el león va saliendo. Él te ve. ¿Qué piensas que va a ocurrir?

Cindy me siguió la corriente:

—Supongo que me comería.

—Probablemente lo haría —le dije—. ¿Y por qué haría eso?

—¿Porque tiene hambre?

—Seguro, y por otra razón. Es lo que hacen los leones.

La expresión de Cindy cambió al empezar a encenderse las luces en su cabeza:

—¿Así que Dylan se comporta así porque esto es lo que él hace?

Le dije:

—Bueno, sí, es verdad. Existen por cierto más razones que esa. Pero el punto es que *Dylan está demostrándoles que él es diferente a ustedes.* Tú sigues esperando que el león escuche razones y vuelva caminando a su jaula. Es lo que harías tú; es lo racional. Pero eso no es lo que hacen los leones. Ellos quieren salir y cazar y comer.

Continué.

—Con Dylan, sigues pensando que *él debería entenderlo,* que *debería ver* los estragos que está haciendo de su vida; que *debería preo-cuparse* por cómo les está afectando a ustedes. Es lo que harían ustedes. Y pareces estar constantemente asombrada que no escuche razones, y siga creando problemas.

Brian agregó:

—¿Sabes, cariño?, es cierto. Cada vez que tratamos de planificar algo, tú te desmoronas y como que te paralizas porque no puedes creer que sea tan egoísta.

Yo agregué:

—Apuesto que él también te puede manejar bastante bien cuando finge responder y entender por un tiempo —dije—. Así tú te relajas y luego vuelve a actuar igual.

Cindy dijo:

—Esa es mi historia como madre.

—Por cierto que Dylan tiene problemas —señalé— y les está causando muchos trastornos, por lo que buscaremos algunas solu-ciones. Pero no ocurrirá nada constructivo hasta que te desprendas de la necesidad de que Dylan sea alguien que no es, por lo menos no lo es ahora. Tienes que aceptar que es muy distinto al Dylan que quieres; que es muy diferente a ti: él ve la vida de una manera que tú no la ves. Y cuando puedas hacer eso, lo comprenderás y lo tratarás de la mejor manera conforme a lo que realmente es.

Cindy se veía triste. Yo entendía lo que pasaba. Por dentro comenzaba a vivir un proceso de duelo. Comenzaba a despedirse del Dylan que quería que fuera su hijo y debía aceptar a quien él era, y eso significaba una pérdida para ella. Pero también sabía que, aunque doloroso, esto removería un obstáculo mayor para ayudar a Dylan a cambiar y a crecer.

ENTIENDE EL CUADRO

Puedes estar en la posición de Cindy, luchando por aceptar el hecho de que el que *aprieta tus botones* siga haciéndolo. O puedes sentirte sencillamente desconcertado y confundido por su forma de actuar. De cualquier manera, harías bien en obtener alguna comprensión de cómo funciona internamente una persona difícil, para que puedas reconocerlo y estar preparado.

Esto suena defensivo, como si habláramos de prepararse para una batalla. De alguna manera, estás en una, la guerra para crear un ambiente de crecimiento y cambio con una persona que no ha mostrado señales de querer hacerlo. Pero esta no es una batalla por poder o por posesiones. Es una en la que si ganas, gana él y la relación también. De ahí la importancia de comprender la psicología del aprieta botones.

EL PROBLEMA NO ES EL *ÚNICO* PROBLEMA

Esto significa ir más allá de los comportamientos y actitudes gravosos que tiene la persona. El comportamiento y la actitud ciertamente pueden ser *un* problema, pero no son *el* problema. Son manifestaciones, o síntomas, de la forma que él ve la vida, y es importante comprender eso. Como dijo Jesús: «Todo buen árbol da buenos frutos, pero el árbol malo da frutos malos» (Mateo 7.17). Observa el árbol mismo por dentro, en vez de solo tratar con el fruto.

Como psicólogo veo esto a menudo. El padre de un adicto se enfoca solo en la desintoxicación (que por lo general es necesaria), y no en el cambio interno. El esposo de la esposa compradora compulsiva quiere arrebatarle las tarjetas de crédito, sin atender al por qué gasta indiscriminadamente. La mujer cuyo novio la está engañando quiere que deje de hacerlo sin indagar por qué es infiel. La persona con un compañero de trabajo a la defensiva lo confronta y le dice que deje de evitar las responsabilidades. El resultado es que, muy a menudo, cuando terminamos con el síntoma, la enfermedad invade en otra parte de la relación. Cualquiera fuera la causa, el fruto aún está allí, infectando todo.

Por ejemplo, los expertos en alcoholismo hablan de un «trago seco», cuando el alcohólico deja de beber gracias a su fuerza de voluntad y disciplina, sin autoexaminarse para comprender las causas de su adicción. A menudo, llegará a deprimirse o sufrir problemas de ira que la bebida estaba medicinando. Ciertamente debes tratar con estos actos, pero hay que llegar a lo que realmente los produce.

COMIENZA CON LO DE ADENTRO

La mejor forma de ver esto es mirar a la arquitectura fundamental de las personas, eso es, cómo experimentan la vida, cómo se ven a sí mismos, al mundo y a los demás. Esta arquitectura se llama *carácter*. La palabra tiene variados significados, tales como moralidad, honestidad e integridad, pero realmente tiene uno mucho más amplio. *Carácter* es cómo tú estás conformado por dentro, para bien o para mal. Convierte tus valores, sentimientos y pensamientos en patrones que ayudan a determinar lo que harás o dirás.

En otra parte el Dr. Henry Cloud y yo hemos definido el *carácter* como *el conjunto de habilidades que necesitas para enfrentar las demandas de la vida*.[1] En otras palabras, la vida coloca requerimientos en todos nosotros: llevarnos bien con otras personas, trabajar, encontrar nuestra pasión, etc. Esto es aplicable no solo cuando somos padres, sino a todas las relaciones adultas. Las personas necesitan ciertas combinaciones de habilidades llamadas carácter que les ayuden a cumplir con los muchos requerimientos de la vida.

Existen seis aspectos básicos del carácter. Pueden resumirse como las habilidades para:

- Sostener relaciones significativas.

- Tomar responsabilidades y tener autocontrol de la vida.

- Vivir en la realidad de las imperfecciones tuyas y de los otros.

- Trabajar y cumplir tareas en forma competente.

- Tener una estructura moral interna.

- Disfrutar de una vida espiritual trascendente.

Al mirar y pensar en esto, se espera que con estas habilidades la vida funcione bastante bien. Y lo contrario es verdad: que muchos problemas pueden ser causados por déficit en estas áreas. Lo puedes haber experimentado personalmente en ti mismo, en el amor, el trabajo o en tus propios hábitos y comportamientos. Quienes no reconocen su vulnerabilidad tienen problemas en el plano íntimo. El individuo que les entrega el poder a otros no tiene vida ni autocontrol. El que no puede aceptar sus imperfecciones lucha bajo la vergüenza y la autocrítica, y así sigue.

Cual más, cual menos, todos tenemos debilidades e inmadurez en por lo menos una de estas áreas. Parte del crecimiento espiritual, emocional y relacional consiste en identificarlas y estar en proceso de sanidad y desarrollo.

El corazón de esto:
un problema de dueño

Tú, yo y nuestros *aprieta botones* somos iguales en que todos tenemos problemas de carácter. Sin embargo, el aspecto más importante que separa a la persona difícil de las otras, y que define lo que realmente es un aprieta botones, no es que ella tenga alguna de estas carencias. *Más bien, es que no acepta adecuadamente, ni asume la responsabilidad que le corresponde en sus asuntos.* En otras palabras, no acepta hacerse cargo de sus debilidades como para cambiarlas y trabajar según la forma como estas afectan a otras personas.

¿Por qué es esto tan importante? Porque mientras la mayoría de nosotros nos esforzamos por asumir nuestras propias cargas de crecimiento y aprender a madurar por medio de ellas, el que *aprieta botones* permanece estancado en su estado de inmadurez. Corre el riesgo de quedar igual para siempre, o aun de empeorar, si no cambia algo externo a él.

Es básico comprender esto para que puedas congeniar con él. Cualquiera puede tener problemas y debilidades. De eso se trata el madurar y sanar. Pero la persona que no enfrenta sus fragilidades, *especialmente en cómo estas afectan a los demás*, tiene otro problema, y literalmente, él es el problema.

Mi vida como *aprieta botones*

Bueno, este próximo ejemplo es un tiempo de confesión. Aquí va una ilustración de mi propio caso *oprimiendo botones*. Poseo un sentido de humor sarcástico, que, aunque suene divertido para mí y para mis amigos, puede llegar demasiado lejos y herir a alguien. Si un amigo llega tarde al almuerzo, yo podría decir algo como: «Está bien, estoy acostumbrado a que otros me traten así». Por cierto, con los más cercanos o con personas «de piel gruesa», ese tipo de comentario no daña. Pero alguien que no me conoce mucho, o que es sensible en esto, puede resentirse.

Por mucho tiempo, no vi ningún problema con esta forma de humor; solo eran bromas. Pero mi esposa Barbi, que es un alma más tierna, comenzó a decirme que a veces hería los sentimientos de los demás. Pensé que estaba exagerando y viendo cosas que no existían. Pero hace varios años me encontré con un ex compañero de la secundaria que me dijo: «Solía sentirme aterrorizado cuando estaba cerca de ti en un grupo». Le pregunté por qué, y respondió: «Porque podías decir algo que me hiciera sentir como un tonto».

En ese momento recordé los reproches de Barbi con su toque de verdad, y los entendí. Sentí mucho pesar y pedí disculpas a mi amigo, quien fue muy amable al respecto. Desde entonces, me he empeñado en hacer que mis chistes sean más gratos para las otras personas. No lo he logrado del todo, pero he progresado mucho. No quiero herir a nadie, y no me gustó saber que lo había hecho.

Pero el punto es este: antes de que mi amigo de la secundaria me confrontara, yo estaba haciéndole la vida difícil a otros sin reconocerlo. Aun en vista de la retroalimentación de Barbie, no estaba asumiendo la responsabilidad de mi mal comportamiento que afectaba a los demás y, por lo menos en esa área, yo *era un aprieta botones*.

Un caso triste y serio

Un ejemplo más severo es el de una mujer que conozco que era tan venenosa que después que sus hijos crecieron y se fueron, rehusaron seguir en contacto con ella. Fueron tremendamente dañados, y todos tuvieron serios conflictos emocionales y relacionales como consecuencia.

Yo traté de entenderla como amigo, pero no podía estar mucho con ella antes de que lanzara ofensas respecto a los miembros de la familia, amigos o quien fuera.

Antes de darse por vencidos, sus hijos adultos trataron de enfrentarla juntos en una reunión muy tensa. Querían mantener el contacto y que sus hijos conocieran a su abuela. Pero lo tomó todo como un ataque personal y los ignoró por largo tiempo. Pastores y amigos trataron de hacerle ver lo destructiva que era. Ella, o se puso iracunda con ellos, o decía que trataban de hacer sufrir a una anciana. Se volvió inabordable. Lo último que supe fue que vivía sola en un pequeño departamento, con muy poca ayuda, porque había espantado a todos. De hecho, en su refrigerador había un pedazo de papel con las palabras escritas a mano: «No lo siento».

Esa fue su declaración de vida. Eso. Y eso simboliza a lo que me refiero como falta de dominio propio. ¡Qué devastación les produjo a sus hijos y a los hijos de ellos! ¡Qué vacío provocó en ella misma! ¡Y qué contraste con lo que ocurre en el cielo cuando alguien dice «lo siento» y se arrepiente! ¡Se celebra una fiesta! «Os digo que así habrá más gozo en el cielo por un pecador que se arrepiente, que por noventa y nueve justos que no necesitan arrepentimiento» (Lucas 15.7).

NO EXACTAMENTE APRIETA BOTONES

Esta es un realidad muy diferente a la de alguien que pueda tener algunas dificultades relacionales serias, pero que no tiene problema con asumirlas. Esa persona por cierto puede *apretar tus botones*, pero no de la misma manera. Más allá de que sus problemas causen estragos; ella se preocupa por ellos.

Por ejemplo, una persona con la cual trabajé en una organización era demasiado crítica y autoritaria. No sabía escuchar y pude ver que afectaba la moral y productividad. Su control y dureza afectaban a los demás de forma negativa. Esto era bastante serio.

Pero cuando comencé a hablar sobre el punto, se desarmó y se preocupó mucho. En verdad, no se había dado cuenta de lo que hacía y una vez que lo reconoció detestó su actitud. Me pidió ayuda, y también a otros, para que le hiciéramos saber cuando era demasiado autoritaria. Se unió a un grupo de crecimiento espiritual para recibir asistencia y apoyo. Leyó libros sobre el tema. Oró y estudió su Biblia, buscando sabiduría sobre su tendencia.

Era un problema grande, pero mejoró mucho con el tiempo. *La diferencia estaba en que tenía un alto sentido de responsabilidad y de control sobre su vida, y quería cambiar en forma adecuada.* Por cierto que apretaba botones, pero su posición de dominio propio hizo toda la diferencia. No tuvo que perder un trabajo, amigos o sufrir una tremenda intervención para cambiar.

Mi amiga no es realmente una *aprieta botones*. Está motivada por el cambio en su corazón porque le importan los demás y su crecimiento. Esos son realmente buenos motivos para cambiar. Einstein dijo una vez: «El hombre estaría muy mal si tuviera que ser refrenado por el temor al castigo y la esperanza como recompensa después de la muerte». Aunque estos son en efecto motivos legítimos y válidos, no son tan importantes. Al fin y al cabo, el amor es lo máximo, eso es, el amor por Dios y por otros: «Como el Padre me ha amado, así también yo os he amado; permaneced en mi amor» (Juan 15.9).

APRETAR *BOTONES* NO ES DEBILIDAD

Tengo otra amiga que tiene problemas severos que afectan a sus relaciones y a su familia en forma negativa. Sufre de un muy largo trasfondo de trauma severo, abuso y abandono que la mayoría de nosotros no podríamos imaginar. Ha sufrido de graves problemas financieros, emocionales, relacionales y de salud, algunos vinculados con su pasado y otros no. Ha trabajado duro en esto la mayor parte de su vida, diligentemente creciendo y cambiando. Ha hecho muchos progresos, pero aún su condición es preocupante.

Por lo tanto, lo que ella hace afecta a los que la rodean. A veces se aísla y su grupo de apoyo la llama o la visita para mantener el contacto. En oportunidades sufre arranques emocionales intensos, y los que están cerca lo saben. A veces cae en crisis y quienes la aman la acompañan hasta que la resuelve.

Pero en realidad no es *una aprieta botones*. Ha trabajado más duro en su crecimiento personal que la mayoría de las personas que conozco. Se ha privado de mucho más que otros. Ama a Dios de manera muy profunda y personal. Les preocupan sus amigos y le desagrada ser una carga para ellos. Ayuda a otros con sus recursos.

Una cosa sé: sus amigos nunca la rechazan. Pueda que se sientan agotados por las demandas que les traen sus problemas, pero no la culpan. Nunca sienten que se aprovecha de su bondad o que no está poniendo de su parte. De hecho, a veces tienen que decirle: «*Mira, llámanos cuando tengas problemas. No nos gusta cuando nos dejas fuera*».

Y sé otra cosa: sus luchas, por naturaleza, son muy, muy diferentes que las que tenía antes. Hay personas cuyo progreso no lo puedes evaluar sino mirando desde dónde vienen. En este caso, cuando ves dónde ha estado, te maravillas del cambio.

Eso no es ser un *aprieta botones*. Es muy diferente. Esa condición es lo que la Biblia denomina ser débil, o quebrantado por la vida. No es pecado *ser débil*. Es un problema que requiere los recursos, el apoyo y el amor de todos nosotros. Y es una bendición y un privilegio ayudar a que uno de estos individuos sobreviva y crezca: «Bienaventurado el que piensa en el pobre; en el día malo lo librará Jehová» (Salmo 41.1).

Puede que tengas a una persona débil en tu vida, y su debilidad *apriete tus botones*. Míralo como tu problema, no de ella, y trata con lo que eso implica. A veces alguien débil nos recuerda nuestras propias fragilidades y reaccionamos negativamente. A otras, les damos los recursos que no tenemos y nos sentimos agotados por sus demandas, cuando somos nosotros los que escogemos agotarnos. Este tipo de situación se resuelve si miramos más hacia nuestra actitud que a la de ellos.

Piensa acerca de las etapas de debilidad que has experimentado, y cuán importante fue contar con personas cálidas que tuvieran empatía contigo. Nunca olvidaré la bondad que me entregaron algunas personas cuando estuve deprimido, en la noche oscura de mi alma. El que ellas estuvieran allí hizo posible gran parte de mi propia sanidad y crecimiento.

Por lo mismo, hay que orientarse hacia el autocontrol. Lo que sea que haga tu *aprieta botones* que te irrite o dañe, es secundario (a no ser que estés en peligro) respecto al hecho de que no vea su problema como tal, y que le importe.

LAS REGLAS SON DIFERENTES

Esto entrega más luz a la confusión de Cindy con su hijo Dylan. Cindy es el tipo de persona que responde a confrontaciones y palabras normales. Si alguien le dice: «*Esto me molesta»,* lo toma en serio, no quiere herir a nadie y cambia exageradamente.

La mayoría de las veces, la persona relacionada con un *aprieta botones* es así. Escudriña y evalúa lo que hace, escucha la retroalimentación y trata de rectificar situaciones, reconciliar relaciones y mejorar como persona. Eso es bueno. Si debes estar fuera de equilibrio en una dirección u otra, es mejor preocuparte en exceso de los sentimientos de otros que solo lo suficiente.

El que *aprieta botones* tiene reglas distintas. Los exámenes de conciencia, confrontación, retroalimentación y los sentimientos heridos de otra persona no le afectan de manera alguna para cambiar. Racionaliza, niega, minimiza la dificultad que provoca o culpa a la otra persona, por lo que debes tener claro que lo que funciona para ti puede que no resulte para él.

Mírate a ti y al mundo

También necesitas dar un vistazo a cómo el *aprieta botones* ve la vida y las relaciones, porque es muy probable que no sea como lo haces tú. La mayoría de las personas, con algunas excepciones, ven que sus vidas y sentimientos importan, pero también importan los de los otros. Se sienten mal por dentro si su inmadurez, irresponsabilidad o egoísmo molesta a alguien. Existe la empatía. Ven lo malo que hay en ellos y trabajan con eso.

El *aprieta botones* a menudo se ve como más central. Su experiencia tiende a ser la más importante, por lo que es difícil buscar soluciones a sus problemas. A veces se enojan. A veces son la víctima. A menudo poseen poca empatía, especialmente para *comprender cómo hieren a otros*. Y les resulta muy difícil mirar larga y detenidamente a su propia oscuridad, admitirla y tratar con ella.

Por lo que si estás en una discusión con tu aprieta botones, lo que constituye una pérdida de tiempo, y piensas *que no están hablando de un mismo tema*, seguramente tienes razón. Si estás tratando de ser amoroso, honrado y apropiado, y las cosas no están resultando, puede ser que tu *aprieta botones* te esté percibiendo como regañón, culpador, perseguidor, controlador o peor aun, insignificante. Aunque esto pueda ser doloroso, es muy instructivo estar al tanto para que puedas tratar con ello más adelante.

Duele ser vulnerable ante otra persona y recibir poca empatía de su parte. Pero debes darte cuenta que este es un aspecto del problema, y conversar sobre estos sentimientos con personas que sí tengan algo que ofrecerte, especialmente como preparación para acercarte a quien quieres que cambie.

CONFORTABLE EN LA DISFUNCIÓN

A menudo, la *persona que aprieta botones* ha estado así por mucho tiempo. Por lo tanto, experimenta poca incomodidad respecto a cómo es. Está acostumbrada a controlar y a manipular a otros. O puede apartarse y castigar a la gente con largos períodos de silencio. O no tiene problema en gastar todo el dinero, porque está segura que siempre habrá más.

La marca de que una persona está creciendo es que, aunque acepta donde está, con la ayuda de Dios, no va a permanecer allí. Quiere sanar, crecer y cambiar por su bien, por el bien de Dios y por el bien de quienes la rodean. No está contenta viviendo en su estado presente de inmadurez. Es por eso que uno de los objetivos de este libro es ayudar al *aprieta botones* a estar menos cómodo en su disfunción, para que busque el cambio.

LO BUENO CON LO MALO

Al investigar para este libro, encontré mucho material que se refería a las personas difíciles, como totalmente malas, malignas o enfermas. Aunque ciertamente existen algunas realmente malas, malignas y enfermas, la realidad es que tu *aprieta botones* probablemente tiene aspectos muy buenos que necesitas mantener en perspectiva. Podría ser calidez, sentido del humor, buena estructura, popularidad y muchas otras.

No niegues esto porque entonces no te estás relacionando con tu *aprieta botones* como realmente es, y tenderá a sentirse juzgado y condenado por ti. Como leerás en este libro, necesitas ser estricto respecto de los hechos pero cálido hacia la persona. Todos deseamos ser tratados así, y así es como funciona mejor.

¿POR QUÉ MI *APRIETA BOTONES* NO RECONOCE «SU» PROBLEMA?

Es importante comprender esto porque te ayudará a definir el enfoque cuando lleguemos a esa parte del libro. Las personas tienen más de una razón para no asumir responsabilidades. Aquí se indican algunas de las más importantes.

Falta de conocimiento y experiencia

A veces simplemente es un asunto de no conocer, no comprender el mundo de las relaciones, emociones, crecimiento y espiritualidad, lo que la mayoría llamaría el mundo interior o vida más profunda. La experiencia de vida de tu *aprieta botones* puede haber carecido de estos procesos. Pueda haber crecido en una familia amorosa y trabajadora que nunca hablaba de esas cosas. O puede haber sufrido mucho caos por lo que se apartó de lo interno para poder manejar a las personas y a las circunstancias, permaneciendo ocupado.

Pocos se dan cuenta de las realidades emocionales en esta situación. Cuando dices: *«Eres muy directo conmigo y me hieres»*, él puede pensar que hablas otro idioma. Literalmente no sabe el significado de esas palabras. Simplemente trata de decir la verdad acerca de algo, y él no se siente herido cuando las personas son muy directas. No está peleando contigo; simplemente no conoce ese mundo. Este tipo de persona, por lo general, responde bien al estar en una situación estructurada y segura, en la que puede comenzar a abrirse a los intangibles de la vida y a las relaciones.

Temor

Algunas personas difíciles se resisten a escuchar retroalimentación o a examinar su forma de ser porque tienen miedo. Pueden temer ser vistos como alguien realmente malo. A veces hasta sentirán que lo son verdaderamente. O que caerán mal y los abandonarán. Otras tienen un temor, muy en lo íntimo, que si se dan cuenta de lo que hacen, esto los abrumará y podría trastornarles.

Una vez aconsejé a un hombre que tendía a ahuyentar a los demás con su brusquedad y frialdad. Arruinó un par de matrimonios, alienó a sus chicos y tuvo grandes problemas en su negocio. En la superficie, parecía no importarle y lo descartaba todo. Cuando le decían lo desconcertante que era, expresaba: *«Ese es su problema».* En la superficie sonaba como un *aprieta botones* realmente egoísta.

Pero esa no era toda la historia. A medida que empezó a sentirse más seguro en la consejería, algo dentro de él comenzó a cambiar y a moverse. Empezó a reconocer su necesidad, soledad y dependencia. Experimentó la condición que todos tenems— la de esta en relación con otros. Con esto vino un profundo terror. Temía ser tan vulnerable para otros que las personas podrían realmente herirlo.

Fue irónico, porque eso es lo que ocurrió de todos modos. Alejaba a las personas porque temía que lo dejaran, y preparaba el escenario para que ocurriera lo que más temía. En vez de eso, lo que pasó fue que enfrentó los demonios que tenía dentro, se permitió pedir ayuda y consuelo de algunas personas buenas y seguras, y experimentó la gracia y calidez que siempre había querido, pero en las cuales nunca había confiado.

¿Adivinan? Su rudo cascarón externo comenzó a disolverse y, a través del tiempo, llegó a responder más emocionalmente, a ser más tierno y empático. El *aprieta botones* basado en el temor tiene mucha esperanza, si está dispuesto a mirar lo que está debajo.

El prepotente y centrado en sí mismo

El prepotente y el centrado en sí mismo se refiere al que tiene la tendencia a mirar la vida como una persona privilegiada. El individuo cree, secreta o abiertamente, que es especial y que está por sobre los demás. No debería estar sujeto a las mismas reglas que otros. Dicho de otra manera, no debería hacer fila para obtener sus entradas para el partido de fútbol.

A menudo, la persona prepotente está absorta en sí misma, es pomposa y tiene poca percepción de los sentimientos de otros. Para él, existen vagamente y solo como objetos que apoyan sus intereses del momento. Se lleva bien con ellos cuando cumplen con sus deseos, pero no cuando ejercitan su libertad o difieren.

A veces estos individuos vienen de trasfondos en que no les fueron impuestos límites y autopercepciones realistas por sus relaciones significativas. Su pomposidad proviene de que nadie les reventó amorosamente el globo del egoísmo para ayudarles a ver que otros son tan importantes y especiales como ellos.

Estuve trabajando con Rich y Margaret, una pareja casada. Margaret era una *aprieta botones* muy egocéntrica. Su autocentrismo estaba arruinando su matrimonio. Probé un bien conocido ejercicio de comunicación y empatía con ellos para diagnosticar mejor los problemas. Dije:

—Quiero que se digan algo que les molesta de cada uno. Luego quiero que el otro lo parafrasee cuantas veces sea necesario, hasta que el cónyuge diga: «Sí, has comprendido lo que me molesta de ti».

Margaret comenzó y dijo:

—Tú no me dices nada acerca de lo que te parece mal, pero te enojas demasiado conmigo y con los niños. Eso realmente me frustra y me asusta.

Miré a Rich, y él dijo:

—Bien, creo que estás diciendo que me encierro en mí mismo y entonces estallo; eso te enoja y te asusta, y te gustaría que no lo hiciera.

Miré a Margaret, y estuvo de acuerdo en que él había entendido.

El turno de Rick. Él dijo:

—Cuando te confronto sobre un problema, aunque sea de buen modo, tú —o lo racionalizas— o te enojas conmigo, por lo que me siento muy solo en el matrimonio.

Miré a Margaret. Ella dijo:

—Bueno, yo hago eso porque tú eres muy negativo.

Le dije:

—Para allí. Eso no era parafrasear; es una reacción. Prueba otra vez.

Margaret dijo:

—Es que está exagerando fuera de toda proporción.

—No sigas —le dije—. Le estás diciendo a Rich tus pensamientos, no estás escuchándolo a él. Prueba de nuevo.

Esta vez se enojó con Rich y conmigo. Furiosa dijo:

—Lo único que quieren es avergonzarme.

Le respondí:

—Eso no es lo único que me importa, pero nos indica dónde necesitamos poner atención. No vas a lograr ninguna de las cosas buenas que quieres para este matrimonio, Margaret, hasta que te comiencen a importar los sentimientos y experiencias de Rich tanto como te importan los tuyos. Y allí comenzaremos a concentrar el trabajo.

El *aprieta botones* que se cree con derecho para todo lo que se le ocurra o antoje a menudo reacciona negativamente a la retroalmentación y la confrontación. Esto es ofensivo y constituye una afrenta a su elevada autopercepción. La confrontación hiere la imagen de cómo se ha construido a sí mismo. Tiende a reaccionar a la verdad con ira o retirándose y «disparando al mensajero».

Esto es triste, porque la verdad salvaría a la persona egocéntrica. Aprender y experimentar cuán solo está a causa de su egoísmo, y cómo realmente no es lo que piensa que es, le ayudaría a ver el vacío debajo de su caparazón. Podría ser llenado, reedificado y transformado por el amor y la verdad de Dios, además del aporte de las personas seguras. Y he visto ocurrir esto muchas veces. Con el enfoque adecuado, existe mucha esperanza para este tipo de aprieta botones.

Envidia

La envidia es uno de los productos más oscuros de la caída de la gracia de Adán y Eva en el jardín del Edén. Garantiza miseria al envidioso y a aquellos que ama. *La envidia me dice que lo que no poseo es lo que me hará feliz.* Te mantiene vacío, hambriento, resintiendo de otros que tienen buenas relaciones y circunstancias, codiciando siempre más.

La envidia no es deseo. El deseo puede ser algo muy bueno, porque nos impulsa a obtener lo que queremos: metas, trabajos, personas que queremos en nuestras vidas, oportunidades y cosas parecidas. Y cuando el deseo es cumplido, la persona experimenta paz y contentamiento.

Lo opuesto ocurre con las personas envidiosas. Obtienen la promoción, el dinero, la relación, o lo que sea, pero no es suficiente. Otra cosa, fuera de ellos, pasa a ser la razón por la cual no son felices. De hecho, casi nunca están contentos hasta que otra persona esté infeliz. Entonces sienten algún sentido de justicia en el mundo.

Como resultado, el *aprieta botones* envidioso está terminalmente infeliz, pero no ve eso como su problema. Ve el problema como la esposa que no lo apoya suficientemente; el jefe que demanda demasiado; la economía que está arruinada; la iglesia que no satisface sus necesidades; los niños que no están creciendo como debieran. Y el resultado es que las personas que le rodean sienten esa insaciabilidad. Pueden tratar de aplacarlo, pero nunca es suficiente. La envidia toma el amor, el apoyo y la bondad y lo vuelve impotente y no importante.

La solución a nuestros problemas de envidia siempre se centrará en experimentar sus resultados, que son pobreza espiritual, relacional y emocional, y en aprender la gratitud. Esta consiste en estar agradecido por los buenos dones, personas y cosas que tenemos. La gratitud nos coloca en la posición del antiguo dicho: La felicidad no es tener lo que quieres, sino querer lo que tienes.

Condiciones emocionales

A veces una persona presenta un trastorno emocional o psicológico que hace que sea menos capaz de ver lo que está haciendo. Algunas depresiones agudas, por ejemplo, hacen que le sea difícil ver más allá de su dolor, ver el efecto que esto tiene en otros. Además, la ansiedad, el pánico y los procesos adictivos pueden también distorsionar el pensamiento del aprieta botones. Esto no quiere decir que le guste permanecer estancado en lo que está haciendo. Más bien, está atascado en el síndrome del dolor que nubla su pensar y accionar en el mundo. Esta persona puede responder bien a la consejería para aclarar esos asuntos.

Pecado y maldad

Recuerda que todos tenemos la tendencia de seguir nuestro propio camino, alejándonos del cuidado y camino de Dios. No damos en el blanco. Esto constituye la esencia del pecado y la maldad. Se presenta en muchas formas, incluyendo algunas de las causas de los problemas de propiedad listados arriba, y en un gran rango de severidad. Algunos individuos están muy conscientes de su propia oscuridad interna y se dedican a confesar y traer sus tendencias a la luz de Dios y de su pueblo. Otros tienen una visión muy superficial de su pecado, o no lo ven cuando está allí. Y otras se han entregado al control del pecado.

Tu aprieta botones puede sufrir una ceguera respecto de sí mismo, o incluso una rebelión en contra de Dios. Ese tipo de posición espiritual puede hacer que una persona no vea lo que tiene dentro y que necesite ser sanada por la gracia y el poder de Dios. El arrepentimiento y el volverse a Dios pueden necesitarse aquí en forma directa.

Causas sobrenaturales

Existe un diablo real cuyo objetivo es devorar vidas y remover a las personas del cuidado de Dios: «Sed sobrios, y velad; porque vuestro adversario el diablo, como león rugiente, anda alrededor buscando a quien devorar» (1 Pedro 5.8). He sido testigo de la fuerza sobrenatural de la influencia demoníaca y creo que es real, tal como lo enseña la Biblia. Ya que una de las estrategias de Satanás es tentar a las personas para que se alejen de Dios, tiene sentido que hay veces en que la falta de responsabilidad, actitud culpable o negativa del *aprieta botones* puede ser de origen demoníaco.

Al mismo tiempo, la Biblia enseña un equilibrio de factores. No todos los problemas tienen un demonio bajo una piedra. Pero algunos sí. Si sospechas que este tipo de fuerza está actuando, busca algunos miembros de tu comunidad espiritual que tengan experiencia en estos asuntos, y que también crean en la existencia de los problemas emocionales, psicológicos y médicos.

Cuestiones psiquiátricas o médicas

Existen también momentos en que la condición médica o psiquiátrica distorsiona las percepciones de la realidad. Esto puede influir además en si están claramente conscientes de sus problemas. Por ejemplo, desórdenes del pensamiento, procesos psicológicos, alucinaciones y estados parecidos pueden causar estragos en la habilidad de una persona para comprender lo que le está pasando. Siempre es bueno consultar un psiquiatra si se sospecha que existe evidencia de algún trastorno.

Cualquiera que sea el factor o combinación de factores que han influenciado a tu *aprieta botones* para que sea como es, mantén el equilibrio en tu mente. Por cierto, él es responsable de las cosas trastornadoras que te hace y necesita cambiar. Pero al mismo tiempo, es probable que las heridas que recibió de sus relaciones significativas lo movieran en esa dirección. Los *aprieta botones* son, como es el caso de todos nosotros, tanto dispensadores como recipientes de problemas en la vida. No pierdas el equilibrio.

Además, cualesquiera que sean la causa o causas, utiliza los recursos de la sección tres para ayudar a la persona a enfrentarlas. Puedes querer que admitan un problema, o cambien un comportamiento, o restrinjan una actitud, o se muevan a un contexto de crecimiento o busquen otra ayuda. Los recursos son para equiparte y ayudar a tu *aprieta botones* a dar el siguiente paso necesario.

LA REALIDAD NOS SUPERA

Aquí va algo de aliento en la medida que vas comprendiendo a *tu aprieta botones: el hecho de no asumir responsabilidad personal deberá crearle problemas.* Eso no es ser cruel, es solo la verdad y significa esperanza tanto para ti como para él.

La realidad es más grande que nosotros. Como mencioné en la introducción, Dios nos ha diseñado de tal modo que si vivimos según sus caminos, la vida funciona bastante bien. Pero si no lo hacemos, comienza a desmoronarse. Tú no luchas por mucho tiempo contra la gravedad, el magnetismo o la fuerza nuclear. Las realidades grandes siempre ganan. Debemos cosechar lo que sembramos, en las buenas o malas consecuencias de nuestras vidas.

Así, la falta de reconocimiento del *aprieta botones* y su resistencia a asumir responsabilidades, deberían hacer que la vida no funcione bien para él. Y eso puede ser un gran incentivo para cambiar. Por ejemplo, un hombre con mal genio que no quiere escuchar tendrá problemas de relación y de trabajo. Una madre que se inmiscuye, que es intrusa y no escucha, molestará a los demás, quienes la esquivarán o no serán sinceros con ella. Un hijo adulto irresponsable que no oye lo que se le dice deberá, en algún momento, tener que vivir solo y encontrar un trabajo, aunque su calidad de vida no sea la misma.

Estos factores no son castigos, como no lo es mojarse por estar bajo la lluvia. Es simplemente como funciona la realidad, y aquellos que doblan su rodilla ante los principios de la realidad de Dios, tienden a funcionar mejor que aquellos que no lo hacen.

Pero supongo que estás pensando: *Bien, mi aprieta botones no tiene problemas ni sufre consecuencias. Está regio. Está contento. Yo soy el que está sufriendo.* He escuchado ese comentario en muchas formas a través de los años. Y la pregunta crucial que quiero que se hagan es esta: ¿Estás ayudando a tu *aprieta botones* para que no experimente los problemas que necesita experimentar?

Piensa en las maneras en que pudieras estar habilitando o ayudando a tu *aprieta botones* para que no experimente sus propios desafíos de vida. Quizás siempre estás allí para él, y lo amenazas sin cumplir, o lo animas sin confrontar. Vale la pena ver, y hablaremos

de eso, si tú eres parte del problema. Si encuentras que sí, esa es
muy buena noticia. La persona que se preocupa puede tomar
algunas decisiones para que la situación sea diferente.

DIAGNOSTICA LA ENFERMEDAD: COMPRENDE TU SITUACIÓN ESPECÍFICA

AHORA ES TIEMPO DE VOLVER A TU situación particular. Mientras más claro tengas las tendencias específicas que te empujan hacia arriba, mejor podrás usar nuestros siete recursos para soportar esa situación (los encontrarás en los capítulos 5 al 11).

Dar una mirada cercana y personal puede ser más difícil de lo que parece. Podrían aflorar en nuestras mentes emociones, recuerdos, frustraciones y el daño general que la relación pone en frente nuestro. Pero hasta que puedas «diagnosticar la enfermedad» metafóricamente hablando, te encontrarás reaccionando, tironeado de un lado a otro, sintiéndote incapaz e impotente, y sin un camino significativo y estructurado que seguir.

Así, en este capítulo, toma algo de distancia emocional o física. Reúnete con un amigo, ve a la biblioteca, quédate tarde en el trabajo, o si es necesario enciérrate en un hotel para que tu mente pueda entender tu situación. Aquí están las cosas que debes mirar.

¿QUÉ PROBLEMA PROVOCA
MI *APRIETA BOTONES*?

Determina aquello que afecta tu vida y la relación que existe como resultado de la acción o las actitudes de tu *aprieta botones*. Recuerda que cualquier relación involucra ciertas necesidades, requerimientos y expectativas mutuas. El amor, el respeto y la responsabilidad deberían estar operando en un buen y significativo flujo entre los dos para que la relación se establezca de manera correcta. ¿Cuáles son las cosas específicas que están interrumpiendo ese flujo? Aquí van algunos ejemplos.

- Mi novio bebe mucho.

- Mi ex esposa hace una pesadilla de los asuntos de la custodia.

- Mi esposo es retirado y distante.

- Mi esposa me echa la culpa de cada problema.

- Nada es lo suficientemente bueno para mi jefe.

- Un compañero de trabajo está difundiendo mentiras acerca de mí.

- Mi esposo nos está colocando en peligro financiero.

- No puedo depender de que mi compañero de trabajo cumpla con su parte.

- Mi papá me asusta con su mal genio.

- Mi hija adolescente está fuera de control.

- Mi esposa gasta demasiado.

- Mi esposo está metido en pornografía en Internet.

- Mi mamá habla mucho por teléfono y hace demasiadas visitas.

- Mi novia cambia de aferrada a enojada.

- Mi amigo es ambiguo acerca de la verdad.

- Mi socio no puede tener una discusión sin dejarme hablando solo.

- No puedo depender de que mi amigo sea confiable y responsable.

- Mi hijo adulto está consumiendo drogas, o no quiere conseguir empleo e irse de la casa.

Como puedes ver en esta breve lista, a veces el que *aprieta los botones* causa un problema, tal como tener un alcohólico en la familia, sufrir un riesgo financiero, o enfrentar una infidelidad. Otras veces es un problema de relación, como la pérdida de confianza, seguridad y amor. También pueden ser ambos. Pero es importante identificar claramente cuál es el quiebre que produce. De otro modo, las cosas llegan a ser tan amplias y generales que no se puede hacer nada. Decir que *él puede ser un torpe, o ella es imposible* son observaciones producto de la frustración, pero no ayudan a ver lo que está pasando.

Esto no quiere decir que tu *aprieta botones* no esté causando muchos problemas diferentes, lo que hace más difícil enfocarse en una sola cosa. Puedes tener cerca de ti a una persona taciturna, irresponsable y adicta, todo al mismo tiempo. Esto es frecuente. Si este es el caso, hay que identificar todos los aspectos. Lo importante aquí, sin embargo, no es determinar todo lo que te molesta, sino *todo lo significativo que constituye el problema*. Un iracundo que no recoge sus calcetines debería primero tratar con su ira antes que con su desorden. Quédate con las acciones o actitudes del cuadro principal que te ponen en riesgo, que están arruinando la relación, que te desvelan y en general, que afectan tu vida de forma negativa. Esta es una guerra, aunque tenemos esperanza de que sea una de amor. Por eso hay que escoger las batallas que valen la pena ser peleadas.

¿CUÁN SEVERO ES EL ASUNTO?

Habrá diferentes niveles de seriedad en un problema. Eso es importante para ti, ya que ayudará a determinar tu curso de acción. Si no es muy severo, solo preocupante, tienes tiempo para planificar concienzudamente tu enfoque. También esto significa que probablemente no necesitarás la ayuda de un ejército de recursos y expertos. Quizás la persona te asusta con su mal genio, pero solo lo experimentas unas pocas veces al año.

Si es moderadamente severo, necesitarás invertir más tiempo, energía y recursos. Por ejemplo, la rabieta se produce a menudo en medio de arrebatos de ira y desorganiza el funcionamiento de la familia.

Sin embargo, si es extremadamente severo y urgente puede existir violencia física. A este nivel, alguien puede estar en peligro y debes tomar una acción rápida, por ejemplo pidiendo ayuda a alguien, buscando un refugio o llamando a la policía.

El punto aquí es que comprendas claramente el rango de tu problema. También escudríñate acerca de esto. Conozco algunas personas que ven cada falta leve como un delito mayor y ahuyentan a los amigos. Tratan a una persona que llega cinco minutos tarde del mismo modo que a alguien que asalta una tienda. Sé honrado acerca de la severidad: se trata de algo levemente irritante; que provoca alteraciones en la intimidad y en el amor; que crea caos familiar, o causa daño o peligro. Esto te ayudará a estar preparado para la acción.

PROFUNDIZA:
¿QUÉ IMPULSA A APRETAR BOTONES?

Esto requiere mayor profundización. Como ya he mencionado, existen rasgos subyacentes de carácter y de personalidad que hacen que una persona sea complicada. El problema de vida es generalmente el fruto de asuntos más profundos. Esto no quiere decir que ella no es responsable de su comportamiento y los problemas que causa. Es totalmente responsable, como lo somos todos: «Todos han pecado» (Romanos 3.23).

Sin embargo, *la responsabilidad total no es igual a habilidad total.* Solo porque el hijo adulto adicto es responsable de usar drogas no quiere decir que tiene el poder y los medios para llegar a ser limpio y sobrio. Solo porque el esposo que ve pornografía es responsable para dejar de hacerlo, no quiere decir que tiene la capacidad de hacerlo. Existen fuerzas poderosas y oscuras que se mueven en todos nosotros, aun en los creyentes en Cristo, y todavía necesitamos gracia, amor, apoyo, verdad, sabiduría y tiempo para llegar a ser personas que pueden cambiar con el tiempo.

Este es el duro mensaje de la Biblia: somos responsables, pero no nos podemos trasformar a nosotros mismos. Esto nos obliga a mirar a Dios más allá de nuestras propias fuerzas y a sus respuestas para solucionar ese dilema. Puede que tu *aprieta botones* no parezca estar luchando por cambiar, o siquiera reconocer que tiene un problema. De esta manera está aun más lejos de la solución divina, como quienes se hacen ciegos y no le buscan para que Él les abra los ojos. Pero, sea que la persona difícil sepa o admita que necesita cambiar o no, es preciso que lo haga. Sin embargo, no podrá realmente transformarse sin ayuda y gracia.

Habiendo dicho todo eso, debes mirar más allá del comportamiento que demuestra tu aprieta botones. Necesitas pedirle que cambie algo más que su comportamiento. De otro modo, corres el riesgo de verlo caer vez tras vez, en diferentes formas. Hay que enfocar la raíz, no solo la fruta.

Posibles causas o influencias

Para entender mejor esto, miremos nuevamente nuestra lista de problemas. Esta vez examinemos las posibles causas o influencias. He anotado un par de causas por cada problema. Una es generosa; la otra un poco más oscura. Tu *aprieta botones* podría tener elementos de ambas, y también podría haber muchas otras por cada problema existencial.

Es solo una forma de análisis para que puedas fijarte en lo patrones de los problemas, y lo que lleva a ellos. En algunos casos, si encuentras que estás sobrepasado o confundido por la complejidad de tu aprieta botones, busca a un consejero o terapeuta y cuéntale lo que sabes, pidiéndole que te clarifique la situación. Esto tipos de encuentros y consultas pueden ser muy clarificadores para enfocar lo que realmente está pasando.

Problema de vida	Causas posibles
Mi novio bebe mucho	• Es inmaduro • Lo usa como medicina para un dolor interno
Mi ex esposa hace una pesadilla de los asuntos de la custodia	• Quiere castigarme • Es obsesiva y demasiado preocupada
Mi esposo es retirado y distante	• Es incapaz de abrirse emocionalmente • Está absorto en sí mismo
Mi esposa me echa la culpa de cada problema	• Se siente impotente y proyecta culpa • Rehúsa darse cuenta de sus propias contribuciones
Nada es lo suficientemente bueno para mi jefe	• Es crítico • Se ha aislado de las relaciones en su vida
Un compañero de trabajo está divulgando mentiras acerca de mí	• No confronta directamente a nadie • Ve a las personas en blanco y negro
Mi esposo nos está colcando en peligro financiero	• Es impulsivo y tiene poco autocontrol • Le falta empatía por la angustia que causa
No puedo depender de que mi compañero de trabajo cumpla con su parte	• Es irresponsable y poco diligente • Está abrumado y dice «sí» demasiadas veces
Mi papá me asusta con su mal genio	• Intimida cuando necesita admitir que está equivocado • Evita sentimientos de impotencia cuando no puede controlar a alguien

Mi hija adolescente está fuera de control	• No tiene, o rehúsa el orden y la autoridad • Está desconectada y aislada
Mi esposa gasta demasiado	• Es inmadura • Satisface una necesidad de manera simbólica
Mi esposo está metido en pornografía en Internet.	• Se escuda en la fantasía para evitar alguna realidad • Se siente débil e impotente
Mi mamá habla mucho por teléfono y hace demasiadas visitas	• Es dependiente y no ha desarrollado un sistema de apoyo • Es intrusa y carece de límites
Mi novia cambia de aferrada a enojada	• Es dependiente y no ha desarrollado un sistema de apoyo • Es intrusa y carece de límites
Mi amigo es ambiguo acerca de la verdad	• Teme al conflicto que trae la honestidad • Prefiere lo fácil a lo honesto
Mi socio no puede tener una discusión sin dejarme hablando solo	• No tolera opiniones diferentes • Siente que es odiado cuando están en desacuerdo con él
No puedo depender de que mi amiga(o) sea confiable y responsable	• Confía más bien en las buenas intenciones que en la fidelidad • Se compromete en exceso
Mi hijo adulto está consumiendo drogas, o no quiere conseguir empleo e irse de la casa	• No siente preocupación por hacerse cargo de su propia vida • No posee las habilidades para entrar en la vida

No seas el psiquiatra

Esta información no es para sobrepasarte con datos y que puedas arreglar o rescatar a la persona difícil. No tienes que entender todo lo que hay que saber acerca del origen familiar de sus asuntos, su vida íntima, sus patrones de pecado, su quebrantamiento y demás cosas. Solo debes conocer a grandes rasgos las que son verdaderas, reales y validadas por la experiencia de personas seguras y cuerdas, para que puedas conocer mejor las respuestas. No te quedes atascado en la parálisis del análisis.

La severidad en el nivel más profundo

Anteriormente miramos cuán severo es el problema de vida del *aprieta botones*. Ahora, haz lo mismo aquí, pero de una forma diferente. Aunque el nivel de «fruto» de la severidad se relacionaba en cómo los problemas afectan la vida, desde molestias a verdaderos peligros, esto no es lo mismo. A nivel de «causa», lo que necesitas es comprender cuán profundamente están arraigados los asuntos listados arriba dentro de la persona. Esto también te ayudará a preparar y a encontrar los recursos para enfrentarlo.

Por ejemplo, ¿es la distancia emocional de tu esposo tan profunda que solo conversa sobre las noticias o los deportes? ¿O puede hablar acerca de asuntos personales normales, en algún nivel, aunque no profundamente? ¿O se abre con otros, pero no contigo específicamente? Esta es una información importante.

Aquí va otro ejemplo. ¿Es tan problemática la falta de tu hijo adulto en asumir la responsabilidad de su vida que nunca intenta independizarse de ti, y se siente con el derecho de que lo cuides? ¿O es que sale y falla y luego vuelve, odiando siempre lo que le pasa? ¿O te pide dinero cuando debería estar proveyendo para sí?

Para un tercer ejemplo de severidad tomemos a la persona crítica. ¿Siempre encuentra todo malo, tanto lo grande como lo pequeño, ofensas reales y aparentes, sin ninguna apreciación de lo que hace? ¿O presenta un desequilibrio entre la alabanza y la crítica? ¿O está bien con otros pero mal solo contigo?

Pensar en el tema de la severidad también te ayudará a estar preparado para buscar los recursos necesarios para enfrentar el problema del *aprieta botones*.

TOMA LA TEMPERATURA DEL PROBLEMA DE LA FALTA DE RESPONSABILIDAD

Esta es tu base, el comienzo de todo, como señalamos en el capítulo uno. Tu *aprieta botones* seguramente evita hacerse cargo, o asumir la responsabilidad, tanto en el problema de vida como de relación, y por las dinámicas subyacentes que lo están influenciando. Quizás no lo ve, tiene miedo de verlo, piensa que es solo asunto tuyo o que no es tan malo como crees. Cualquiera que sea naturaleza del origen del problema, es importante que tú lo comprendas. Porque, en última instancia, *la solución reside en que la responsabilidad del problema descansa en los hombros del aprieta botones y no en los de nadie más.*

¿Cuán grave es el hecho de que no asume el problema como algo suyo? ¿Es mínima, o sea, es ella el tipo de persona que solo necesita una confrontación clara y enfática para darse cuenta del problema y sacárselo de encima? ¿O es más serio que eso, como alguien que ve lo que hace, pero lo excusa, lo racionaliza o lo minimiza? ¿O peor aun, sabiendo lo que hace, te culpa a ti o a otros? *(Si no fuera porque tú...)*

¿Niega, incluso, que hace las cosas que hace? Así es, algunas personas negarán una realidad objetiva de la que otros han sido testigos. A veces lo niegan o lo afirman, lo que hace aun más complicado entenderlos. Cuando se sienten seguros y amados, admitirán que son difíciles, pero cuando se sienten temerosos o amenazados, lo negarán.

Uno de los más complejos niveles de dominio es la persona que admite que hace algo problemático pero que simplemente no le importa. Reconoce el comportamiento o la actitud, pero no se preocupa por su efecto en otras personas. Cuando te das cuenta de esto, comprendes la gravedad del asunto, porque hay que enfrentar una falta de empatía, generalmente usando consecuencias y límites, antes que pueda haber una solución.

Una vez traté con un hombre que iba a abandonar a su esposa por otra mujer, destruyendo la familia. Yo le había advertido claramente sobre lo que se estaba haciendo a sí mismo, a su esposa y a sus hijos por una fantasía. Él me dijo que lo comprendía, pero iba a seguir adelante con el divorcio. Le dije: «Solo quiero que sepas que es probable que pierdas mucho contacto con tus hijos, para no mencionar lo que la ley decrete acerca de tus finanzas. Y si se me pregunta a mí, declararé en contra tuya. No quiero hacer eso, pero la realidad es que estás conscientemente escogiendo un camino que hiere a varias personas, y solo estás pensando en ti».

Se indignó conmigo por, supuestamente, traicionarlo. Pero por fortuna habló con otras personas que también le dijeron que iba derecho al desastre. No fue empatía por su familia lo que lo hizo reaccionar. Fue la posibilidad de perder a sus hijos y su dinero, un motivo menos relevante. Pero la preocupación por estas pérdidas hizo que se detuviera en lo que planeaba justo a tiempo para entrar en un proceso de crecimiento. No fue un proceso rápido. Demoró mucho que su esposa sanara, y aun más para volver a confiar. Al fin, trabajó los temas y se volvieron a conectar en un nivel mucho mejor y más profundo, hasta seguir adelante con su matrimonio.

«No puedo» versus «No quiero»

Este es un aspecto importante al considerar lo que ocurre con tu persona difícil. ¿Es que es incapaz *(no puede)*, o es resistente *(no quiere)*, o es una combinación de los dos? Obviamente, cuanta más incapacidad veas, y cuanta menos resistencia, mejor. Dios provee todo tipo de ayuda y apoyo para los que «no pueden» en este mundo, ya que sabe que están quebrantados y lo necesitan para armarse nuevamente. Son como un brazo fracturado que requiere seguridad y una tablilla. Pero los «no quiero» a menudo deben experimentar las consecuencias de su testarudez para finalmente agitar la bandera blanca de rendición y admitir que en verdad «no pueden». ¡Son más un músculo flojo que no quiere ejercitarse que un brazo fracturado!

¿Cómo determinar eso? Para comenzar, observa el nivel de preocupación que tiene la persona por lo que hace. ¿Siente un verdadero y auténtico remordimiento por el dolor y la dificultad que causa con sus problemas? Si es así, puede que no sea un auténtico *aprieta botones*, sino simplemente una persona débil que está luchando. ¿Está su vida marcada por un sentido general de preocupación por otros y responsabilidad por sí mismo? Eso sugiere inhabilidad. ¿O demuestra un déficit de empatía y un no responsabilizarse de lo que hace? Eso habla de resistencia.

También existe una forma bastante común pero más encubierta que debes conocer. Es una resistencia *disfrazada* de inhabilidad, o un *«no quiero»* posando como *«no puedo»*. Aquí, el *aprieta botones* se da cuenta de que le irá mejor si aparenta estar quebrantado pero luchando; que quizás las personas lo rescaten, por lo que se presenta como herido y no como rebelde.

Tuve una paciente en consejería de grupo que solía ser crítica de otros, y no de manera amorosa. Después se reía y decía que estaba solo bromeando. Cuando la confrontaron, se deshizo en lágrimas diciendo: «No lo hice adrede; es mi pasado que me traiciona». Entonces los que habían sido atacados trataban de consolarla, en vez de que ella se sintiera mal y los reconfortara. Dejé pasar unas vueltas para estar seguro de lo que pasaba, porque al comienzo creí que solo necesitaba abrirse y sacar lo que tenía dentro. Pero el comportamiento continuó y varios del grupo estaban siendo heridos.

Una noche le dije: «Amy, lo siento, pero aunque pienso que eres una persona sensible, no creo que seas tan frágil como aparentas, ni que lo lamentes tanto como pretendes. Parece que estás utilizando este asunto para poder enojarte con la gente sin tener después que experimentar su enojo por lo que haces. Eso no es justo; tampoco es bueno para ellos ni para ti».

Está demás decir que a Amy le molestó mucho lo que dije y quiso irse. Pero el grupo la apoyó y le dijeron que ella realmente les importaba, mientras que al mismo tiempo afirmaban que era más resistente que quebrantada en esa área. Amy fue capaz de ver que había pasado la vida temiendo ser directa con otros, por lo que siempre cuando estaba enojada les lanzaba indirectas en vez de confrontarlas cara a cara. Comenzó a reconocer lo que temía, y a tratar de ser una persona honrada y segura. Con el tiempo, tuvo éxito en su trabajo.

El punto es que debes enfocar lo que tú u otras personas seguras ven; no solo lo que dice tu *aprieta botones*. El hacer demuestra más que el decir. Dios nos diseñó para que fuésemos honestos, y si las personas no lo son, algo debe desconectarse dentro de ti, diciendo: *Cuidado*. Pon atención a las señales disimuladas.

UN PROCESO MÁS QUE UN EVENTO

El ejercicio de diagnosticar una enfermedad involucrará tiempo y energía. No hay que apurarse. De hecho, probablemente es mejor hacer este tipo de trabajo a lo largo de varios períodos de tiempo, para que puedas reflexionar y meditar sobre lo que realmente está pasando. No exageres ni menosprecies la naturaleza y severidad de la condición del *aprieta botones*. Por eso es importante que estés bien adentrado en el proceso de hacer tu propia tarea, a medida que lo veamos en el próximo capítulo, para mantener la mirada clara sin distorsionarla por tu propio dolor, reacciones y percepciones.

De esta forma, podrás dar pasos más efectivos para ayudar a esa persona a cambiar y crecer.

Segunda Parte

DEJA TU PASADO PARA CREAR TU FUTURO

.

DESPEJEN LA CANCHA:
COMPRENDE TUS
INTENTOS FALLIDOS

«OH, KAREN», LE DIJE A MI AMIGA, «estoy de acuerdo. Si lo que me dices es verdad, tu padre está mal y está cometiendo algunos errores».

Karen que tenía 30 y tantos años, acababa de contarme otras historias acerca de su papá, a quien yo no conocía pero que sonaba como un *aprieta botones* de pesadilla. Durante los años de amistad, ella me había contado las cosas destructivas que él había hecho. Era desagradable y menospreciador de su mamá. Criticaba a Karen sin misericordia cuando hablaban. Era agresivo en las reuniones sociales y la avergonzaba, o guardaba silencio y se mantenía mal humorado por días cuando no se salía con la suya. Era una persona generalmente negativa con cualquier miembro de la familia. Karen quería hablarme sobre el problema de tener un papá así, y yo estuve de acuerdo.

Preguntó:

—¿Cómo debo tratar con él?

—Veamos —le dije—, ¿cómo estás contribuyendo al problema?

Esa pregunta pareció molestarle.

—¿Qué quieres decir? —dijo—. Yo no soy el problema. Él lo es.

—Comprendo que parece ser realmente difícil. Suena terrible. Pero estoy preguntando: ¿cuál es tu parte?

—¿Cuál es mi parte? ¿De qué estás hablando? Yo soy la que estoy recibiendo abuso verbal. Yo soy la que lo tengo que llamar por teléfono para hacer las paces. Yo soy la que tengo que reconstruir a mi mamá después que él la hace pedazos y hiere sus sentimientos. Hizo de mi niñez un infierno vivo. ¿Me estás diciendo que yo soy como él?

—No, no, no —protesté—. Según lo que me has dicho, él no asume responsabilidad alguna por el daño que hace, y sé que tú no eres para nada ese tipo de persona, así que no hablemos de eso. Pero te puedo decir, por lo que me has compartido a través de los años, que has hecho algunas cosas que han empeorado la situación.

—¿Qué tipo de cosas?

Estaba en guardia y no la podía culpar. Pero ella me había pedido consejo, y yo no quería que su papá *aprieta botones* la siguiera manejando, así que proseguí.

—Está bien, lo apaciguas cuando es crítico, por lo que él no siente incomodidad alguna. Él es cruel, y luego tú llamas y te disculpas por haberlo enojado. Te llenas de esperanza y felicidad en sus días buenos, y piensas que es señal de que está cambiando, cuando solo está juntando energía para ser desagradable al día siguiente. Entonces no estás preparada ni lista cuando revienta otra vez. Evitas confrontarlo directamente, como lo hace todo el mundo, de modo que nunca recibe una retroalimentación acertada de lo que está haciendo. No insistes en que reciba algún tipo de consejería o ayuda, porque podría enfadarse. Tu mamá está aislada y débil, y no la empujas a entrar a un grupo de apoyo, o iglesia u otro lugar, para que pueda enfrentarlo. Cuando tu hermano y hermana están enojados con él, intervienes para que no se altere. Continué.

—Karen, tu papá luce como un hombre muy difícil, y eso es en gran parte su elección y responsabilidad. Pero quiero que estés consciente que hay cosas que estás haciendo que lo ayudan a permanecer enfermo y despreciable y tú puedes hacer algo al respecto. *Estas cosas son tuyas*, y me encantaría mirarlo contigo, si eso te ayuda.

Aunque no fue nada de agradable, Karen no se alteró con la crítica. Puso atención. La admiré. No le entusiasmaba lo que le había dicho, ¿a quién le habría gustado? Pero después que hablamos, dio algunos de los pasos que le sugerí y las cosas comenzaron a mejorar.

NO SEAS PARTE DEL PROBLEMA

Mi conversación con Karen ilustra un principio: *Hasta que evites reconocer tu parte en el problema, continuarás en él.*

Si tu acercamiento, actitud o comportamiento hacia el *aprieta botones* no es sano, debes tratar con él y cambiarlo. Si hay un aspecto en tu relación en que estás haciendo una contribución, impedirás cualquier crecimiento y cambio al no atenderlo. En otras palabras, si te ves a ti mismo como cien por ciento inocente, y a tu *aprieta botones* como cien por ciento culpable en cada aspecto, te estás paralizando para poder modificar la situación.

Ahora puedes estar sufriendo una reacción como la de Karen ante esta idea, y colocándote un poco tenso y defensivo, pero aguanta un poco y comenzará a tener sentido. Al igual que con Karen, lo veremos más adelante, hay cosas que haces o evitas hacer que ayudan a que el *aprieta botones* no cambie ni crezca.

Habiendo dicho esto, hay absolutamente muchas, muchas situaciones en que la persona no tiene culpa alguna con su *aprieta botones*. Estas podrían incluir críticas, irresponsabilidad, abuso, trauma, asalto y otros similares. Esas cosas horribles son materia de protección, sanidad y perdón. Pero en muchos otros aspectos de una relación difícil, puedes tener algo de control, libertad y elección, si te das cuenta de que estás haciendo lo que no ayuda.

Para clarificar esto, nadie es perfecto, todos pecamos y fallamos. Por eso necesitamos un Salvador. Al mismo tiempo, existen niveles distintos de inmadurez, de ser dañino y de maldad. Algunos dicen que cada persona en una relación contribuye un cincuenta y cincuenta a los problemas. No creo que sea verdad. Jesús mismo dijo que algunos asuntos son más importantes que otros.

Por lo que tu contribución, como la de Karen, puede tener mucho menos peso que la de tu *aprieta botones*. Tú puedes tener menos parte en esto que la persona difícil. Puedes estar legítimamente en lo correcto respecto de tu apreciación. Al mismo tiempo, eso no te libera de hacer tu propio trabajo de limpieza y mirar las formas poco efectivas en que manejas la relación.

Jesús tuvo una declaración bastante directa al respecto: «¡Hipócrita! Saca primero la viga de tu propio ojo, y entonces verás bien para sacar la paja del ojo de tu hermano» (Mateo 7.5).

Estés o no consciente de ello, *ya has adoptado maneras de tratar, sobrevivir o arreglar a tu aprieta botones*. Quizás no estén formalizadas o anotadas, pero las has creado. Y probablemente tampoco estés contento con los resultados, por lo que es tiempo de desecharlas. Vale la pena desenterrar lo que no está funcionando para que puedas despejar tu propio camino y dejar espacio en tu cabeza y en tu vida por lo que sí puede funcionar.

Necesitamos mirar algunas de las cosas primordiales negativas que hacemos con los *aprieta botones*, por qué las hacemos y cómo podemos dejar de hacerlas.

Sin embargo, antes de comenzar, lo primero que necesitarás hacer, y es muy importante que lo hagas, es formularte una pregunta compleja: *¿Es esta una situación real, o solo un producto de mi percepción, o ambas cosas?*

¿Eres tú o es el otro?

Necesitas investigar y arreglar minuciosamente lo que es verdad, preciso y real en tu relación con tu *aprieta botones*, y lo que está basado en tus propios sentimientos, distorsiones, memoria y expectativas.

Solo porque tengas sentimientos negativos respecto a una persona no quiere decir que ella haya hecho algo malo, o ha estado tan equivocado como a ti te parece. Puede estar haciendo algo mínimo que tú percibes como enorme.

Por ejemplo, un hombre con un padre anciano puede ir a visitarlo. El padre puede ser algo irritable y exigente con él. Para la mayoría de las personas eso podría ser irritante o molesto, pero nada más que eso. Sin embargo, al hijo adulto lo puede llevar de vuelta a un pasado no resuelto y no redimido de cuando era un niño, y cuando la mala actitud de su padre lo hirió más profundamente. Puede entonces responder como si la actitud abriera la herida original porque no ha sanado. Puede pensar que su padre es imposible, inmensamente destructivo y que está fuera de control, cuando en verdad solo es un viejo mañoso.

Aquí es donde actividades tales como pedirle a Dios claridad en la situación (capítulo 5); atender a tu propio crecimiento y sanidad (capítulo 6), y obtener retroalimentación de otros (capítulo 7), serán de incalculable valor para ayudarte a discernir lo que es real, y cuán severa es en verdad la condición de tu *aprieta botones*. Cuando los hechos no están claros, es mejor considerar a alguien inocente hasta que se compruebe lo contrario. Esta es la ley de la misericordia, que todos deseamos que se nos aplique también: «Porque juicio sin misericordia se hará con aquel que no hiciere misericordia; y la misericordia triunfa sobre el juicio» (Santiago 2.13).

¿Cómo te sentirías si alguien que te considera su *aprieta botones* te condenara sin esperanza alguna de redimirte? Nadie merece eso.

INTENTOS QUE NO FUNCIONAN

Habiendo dicho eso, si has hecho una búsqueda diligente y has concluido, junto con personas seguras y cuerdas, que realmente tienes en tus manos a un *aprieta botones*, entonces estás listo para mirar a las siguientes formas en que algunos tratan con ellos sin efectividad y ver si puedes identificarte con alguno de ellos.

Razona con los irracionales

Probablemente el error más común es creer que todo esto se refiere a la razón y a la lógica, una suerte de cita de la mente. Piensas que si la persona difícil realmente comprende que lo que le pides es algo bueno, estará de acuerdo y cambiará. Sería cuestión de explicarle la situación de modo que pueda ver claramente lo que dices. De ahí que intentas, con mucha paciencia, contarle cómo te sientes, lo que observas y lo que te gustaría que pasara. Puedes darle ejemplos.

Podrías decir: «Mike, tu constante ira y la forma en que siempre me acomplejas es muy fuerte para mí. Me hace sentir mal y no me gusta el efecto de esto en ambos. Pienso que si fueras más positivo y afirmador, yo lo apreciaría y tendríamos una mejor relación».

Mike entonces dice: «¡Otra vez con lo mismo! Nunca hago nada bien, ¿verdad? Tú eres la que me rebaja».

Respondes con un: «No, eso no es verdad. Solo quiero que seas menos crítico porque creo que eso nos ayudaría».

Mike: «Siempre me estás culpando».

Tú: «No, no es eso. Solo estoy tratando de indicar un problema».

Mike: «Sí, pero tú eres el problema. Yo no haría estas cosas si no me presionaras todo el tiempo».

Tú: «No, no, no soy solo yo, Mike...», y así sigue el baile.

Si te parece familiar, tengo una noticia buena y una mala. La buena es que todos deberíamos comenzar con amor, razón y paciencia. Las personas concienzudas responden a la razón. Eso probablemente funciona para ti y quizás para la mayoría de tus amigos. Así que la razón no es aquí la mala de la película. La mala noticia es que una persona que no es concienzuda a menudo no escucha razones. Los *aprieta botones* por lo general han construido un mundo en sus mentes en el cual concluyen que están bien con su comportamiento, y lo que tú dices no les afecta. No es como si pensaran: *Puede que esté haciendo mal esto... hummm, ella tiene razón acerca de mis críticas. Nunca lo había pensado...* Al contrario, él te escucha como el antiguo dibujo animado de lo que oye un perro cuando los retas por ensuciar la alfombra: *bla, bla, bla, guau, bla, bla, bla, uao, bla, bla, bla...*

No se trata de tener más información, hechos o claridad. Lo que pasa es que no están de acuerdo y eso, en la mente *del aprieta botones*, es una señal para desconectarse.

He visto a padres tratar de corregir a sus hijos, no estoy bromeando, *¡mientras usan un Walkman!* El niño se sienta allí, mira cómo se mueve la boca del padre, espera que se detenga, y entonces sigue escuchando la música. ¡Eso es lo que está ocurriendo a menudo, hablando metafóricamente, mientras sales con todas las cosas correctas que hay que decir!

Por lo demás, tratar de razonar siempre es un buen comienzo. Pero que no sea como la definición de demencia de los Alcohólicos

Anónimos que es *tratar lo mismo vez tras vez* esperando un resultado diferente. Si varios intentos no resultan, prosigue con lo siguiente que está en la próxima sección del libro.

Divide la gracia y la verdad

Nadie puede cambiar si no tiene tanto gracia como verdad. Miremos a estos dos componentes críticos del crecimiento.

Gracia, como ha sido definida por los teólogos clásicos, es un *favor no merecido*. Es el más importante de todos los ingredientes del crecimiento. Nos trae los favores de Dios y nos ayuda: «Sea vuestra palabra siempre con gracia, sazonada con sal, para que sepáis cómo debéis responder a cada uno» (Colosenses 4.6).

La verdad, por otra parte, se trata de lo que es, de lo que es real. Proviene de la retroalimentación, principios, Escrituras y consecuencias. Provee ánimo, respuestas, iluminación y corrección: «Compra la verdad, y no la vendas; la sabiduría, la enseñanza y la inteligencia» (Proverbios 23.23).

La gracia y la verdad se necesitan. La verdad opera para proteger a la gracia y al amor de la misma manera que la estructura de tu esqueleto protege tu corazón. Estos deben estar emparejados: la gracia nos da el combustible para vivir, crecer y cambiar; la verdad protege y estructura el proceso. Cuando separamos la gracia de la verdad, de modo que no estén integrados en nuestras relaciones, las cosas se desmoronan. Aquí hay un ejemplo de cómo funciona esto al criar un adolescente. (¿Creerías que un adolescente puede ser realmente un *aprieta botones*? Por cierto, ahora que Barbi y yo somos padres de un adolescente, lo entendemos.)

Estaba cenando con Bob y Katie, una pareja amiga. Hablaban sobre los problemas con Sarah, su hija adolescente.

Sarah era una joven inteligente, atractiva y divertida, pero sus travesuras estaban volviendo locos a Bob y Katie. Siempre había sido problemática, pero cuando llegó a la adolescencia, los problemas crecieron exageradamente. Sus notas estaban bajando en forma dramática. Salía con el grupo equivocado. Estaba mintiendo a sus padres y saliendo de noche sin permiso. Su actitud hacia ellos y sus hermanos era atroz. Ya estaban que se *arrancaban los pelos.*

—Bueno —dije—, antes que pensemos en algunas soluciones, hablemos de lo que han estado haciendo hasta ahora. Eso nos debe entregar algo de trasfondo.

Katie comenzó:

—He tratado de animar a Sarah. Pienso que se siente mal consigo misma y necesita mayor autoestima. Por eso cuando comete errores, la escucho y trato de entender sus puntos de vista. Quiero que se sienta amada y segura. Muchas veces me ha mostrado que tiene buenas razones para asegurar que los problemas no son siempre su culpa. Como por ejemplo que su profesor este año es muy frío y no la comprende. Y perdió su reloj, por lo que no sabe qué hora es cuando llega tarde. Y está tratando de ayudar al muchacho con quien sale, porque viene de un hogar mal constituido y por eso está usando drogas.

Le pregunté:

—¿Y cómo va eso?

Katie dijo:

—Pienso que realmente estamos progresando. Confía en mí y se abre conmigo. La comunicación es clave, y espero que esto la motive.

Bob contribuyó su análisis:

—Claro, habla contigo. Sabe que tú no la criticarás y estarás de acuerdo con ella. No quiero faltarte el respeto, pero has estado haciendo esto por un año ya, y nada ha cambiado realmente, excepto que te quiere.

—Supongo —dije— que eso siempre sirve para algo. ¿Y qué de ti, Bob?

—Yo también estoy del lado de Sarah, como lo está Katie, pero Sarah es un completo desastre aquí y en el colegio. Manipula a todo el mundo, tiene excusas para todo y siempre se sale con la suya. Pienso que necesita algo de disciplina y de resultados. Ya no le escucho más sus excusas. Le digo lo que se espera que haga y lo que le ocurrirá si no cumple. Necesitamos que ella vea que tiene que cambiar.

—¿Y cómo está funcionando tu enfoque?

Ahora era el turno de Katie de evaluar el enfoque de Bob:

—Veamos... te evita, no se abre contigo, y te tiene miedo. Anoche pasó una hora llorando porque piensa que la odias.

Comprendí y sentí empatía por ambos. Era un escenario paterno bastante típico. Katie, cuya familia había sido fría y demasiado estricta, le estaba dando a Sarah lo que ella misma había necesitado. No estaba consciente de la forma diferente en que habían criado a Sarah, y cómo Sarah ya se sentía segura y amada. Sarah había tenido una niñez mucho mejor de la que había tenido Katie. No era tan frágil y sensible como Katie cuando era niña. Bob, por otra parte, tuvo padres despreocupados, y había sido un adolescente loco. Vio su propio pasado en Sarah. Él había necesitado organización y límites, y había sufrido porque no los tuvo, por lo que exageraba el control y los límites.

Ambos, Bob y Katie tenían algo de razón en sus enfoques. Pero no solo no estaban funcionando, sino que estaban polarizados. El resultado era que aun lo bueno que estaban haciendo lo anulaba la otra persona. Fue el típico caso de *una mitad más una mitad es igual a cero*. Katie estaba rescatando a Sarah, y contradecía a Bob porque él no escuchaba.

Dije: «Amigos, ustedes son grandes personas, los amo y también a Sarah. Pero si vamos a progresar aquí, necesitan sacar de en medio sus enfoques y ser muy abiertos en aceptar que ambos puedan estar equivocados. Los dos han estado trabajando muy duro, por un largo tiempo y haciendo muchas cosas buenas, pero pienso que necesitamos comenzar todo de nuevo y dar con algo que resulte.

Afortunadamente, Bob y Katie eran buenas personas y suficientemente humildes para amar a Sarah más que aferrarse a sus prejuicios. Trabajamos algunos de los principios de este libro y las cosas mejoraron con el tiempo. Ellos no querían que Sarah fuera una *aprieta botones* y querían ayudarla a crecer.

El problema se produce cuando dividimos, en vez de integrar, la gracia y la verdad[2]. Como Bob y Katie, llegarás a ser ineficaz cuando no tienes lo suficiente de ambos. Cuando *tu aprieta botones* recibe solo gracia y nada de verdad, se puede sentir amado, pero también pensar que no existe una verdadera razón para cambiar. Cuando experimenta solo verdad y nada de gracia, sentirá condenación y juicio, y seguramente reaccionará en contra. Aprende a tener tanta gracia como verdad, amor y realidad, en cada acercamiento, cada conversación y cada pensamiento que tengas con tu *aprieta botones*.

Habilita, permite

Este es un acercamiento muy usado porque es pertinente a, y aun promovido por, el amor hacia el *aprieta botones*. *Habilitar o rescatar a alguien es remover el dolor de la disfunción de la experiencia de esa persona.* Ocurre de varias maneras. Puedes evitar el confrontarlo. Puedes proveer comodidad, calidez y apoyo para él aunque esté siendo destructivo. Puedes excusarlo con sus amigos y familia. Puedes pagar su arriendo cuando rehúsa trabajar y cuando es rudo o poco amable, puedes culparte a ti mismo por provocarle.

No obstante, la habilitadora a menudo cree en su corazón que está haciendo lo correcto. No quiere que él sienta dolor, porque no quiere verlo herido. Piensa que quizás si ve lo que ella hace por él, cambiará su manera de ser. Espera cambiarlo con su amor y cuidado.

Por cierto, el amor y el cuidado son cosas maravillosas, y tu *aprieta botones* las necesita para enmendar su conducta. Sin embargo, y esto es muy importante, *amor y habilitación no son lo mismo*. El amor no promueve la irresponsabilidad. El amor puede ser hermoso, y al mismo tiempo demostrar cero tolerancia en cuanto a presionar los botones del control, el egoísmo y la manipulación. La habilitación, por otra parte, asume la responsabilidad del problema del *aprieta botones*, acarreándole un doble problema al habilitador y ninguno a la persona problemática.

Tengo una amiga que había habilitado o permitido la irresponsabilidad de su jefe por años. Asumía más trabajo cuando él se olvidaba de hacerlo, ocultaba sus errores y generalmente lo rescataba para que tuviera éxito. Lo quería de verdad; era un tipo agradable, pero no muy confiable. Entonces, cuando fue promovido, ya no trabajaron más juntos. Su nuevo ayudante no era tan acomodador por lo que no pasó mucho tiempo antes de que se descubriera su incompetencia y perdió su empleo. Después de eso, a menudo ella se lamentaba de no haber hecho algo antes que quizás lo hubiera cambiado. Nunca lo sabremos, pero sí sabemos que habilitar impide madurar y llegar a ser una persona de carácter al *aprieta botones*.

Si sospechas que estás habilitando o permitiendo a *tu aprieta botones*, debes saber que aun cuando crees que estás cuidándolo, le estás ayudando a arruinar su vida. Es más, lo estás odiando. Pueda que necesite experimentar algo de dolor para que se le enciendan las luces. Un tipo adecuado de dolor puede ser de gran ayuda.

Regaña o...recuerda

Primo hermano del razonamiento, el acto de regañar (le llamamos "recordar" y en círculos aun más cultos «compartir»), asume que lo único que la persona necesita es que le recuerden que debe hacer lo correcto. Nada más. Cuando piensas al respecto, no le encuentras sentido, pero lo sigues haciendo. ¿Necesita tu *aprieta botones* que le recuerdes que tiene que servirse el desayuno, ir al centro comercial o mirar televisión? Si es así, ¡seguramente no es un *aprieta botones* sino alguien que padece un desorden neurológico! Pero realmente no lo pensamos. Regañar es sólo un hábito que practicamos.

Regañar no es un método que la mayoría emplee con una persona iracunda o defensiva. Se reserva más para los irresponsables o para quienes postergan lo que deben hacer. Por ejemplo, tengo una amiga cuyo esposo la regañaba para que pagara las cuentas a tiempo. Marcó en el calendario cuando debía pagar, dos veces al mes, y le recordaba unos días antes que debía hacerlo. Estamos hablando de una mujer profesional adulta. Hizo esto por años, y no fue hasta que dejó de hacerlo y ella debió pagar cuentas atrasadas, que las cosas comenzaron a cambiar.

El problema es que regañar no solo es ineficaz sino que, en última instancia, empeora las cosas. Esto se debe a que a menudo uno simbólicamente llega a ser la figura paterna (o materna) de la cual el *aprieta botones* intenta separarse. Así, se te percibe como controlador y autoritario, por lo que el *aprieta botones* revierte a un estado de niñez y se rebela contra el padre aumentando su mal comportamiento. Uno observa eso en muchos matrimonios y relaciones de noviazgo. El amor, confianza y pasión se deterioran rápidamente cuando dos adultos llegan a ser niño y padre.

Amenazar sin cumplir la amenaza

Simplemente no hagas esto. No lo hagas.

Amenazar es a menudo una movida desesperada de la persona que no ve cambio alguno en el *aprieta botones*. Es la gota que rebalsa el vaso y un intento por atraer su atención. Puedes decir cualquier amenaza, desde distanciarse emocionalmente a remover privilegios.

La idea es que el impacto le llegará, y le hará cambiar para responder mejor, culpar menos o lo que sea.

Ciertas advertencias pueden ser buenas. Para eso están los semáforos amarillos y la lectura de la presión sanguínea. Nos dicen, *«Escucha esto o algo malo te va a pasar»*. Pueden salvar vida. Pero advertir y amenazar sin cumplir lo que decimos es desastroso.

Amenazar es peor que ser ineficaz. De hecho, empeora las cosas. Cuando dices amenazas vacías, o incongruentes, estás entrenando a tu *aprieta botones* para ignorarte. Estás exactamente diciéndole: «Voy a reventar ahora. Si te quedas tranquilito y esperas que yo termine, puedes volver a hacer lo que estabas haciendo, y nada te ocurrirá». Es el sueño de un *aprieta botones*: un pequeño precio que pagar por la total libertad de decir o hacer lo que se le antoje. Trataremos más sobre la aceptación cuando discutamos sobre tomar acciones en el capítulo 10.

Un hombre me contó una vez acerca de una amiga que se había enfadado con él por su flirteo inapropiado. «Ladra pero no muerde» explicó orgulloso de haberla entendido tan bien. La catalogó perfectamente. Y, por cierto, no sentía necesidad alguna de cambiar sus acciones hirientes.

Por lo que si ladras, debes estar preparado para morder. Si no lo estás, ¡consíguete un bozal!

Nuestra propia negación

El *aprieta botones* no es la única persona que evita mirar su vida. A menudo, el otro en la ecuación lo hace también, por lo que podría estar negando algo de la naturaleza o gravedad del problema. Cuando negamos algo, distorsionamos la realidad. Es un mecanismo que mueve nuestra percepción de un asunto doloroso de manera que no lo veamos, o pensemos que no es tan malo como es realmente.

La negación no siempre es mala. Las víctimas de traumas y catástrofes a veces necesitan poder asimilar lentamente el horror de lo que les ha sucedido, para que no sean sobrepasados por las emociones y recuerdos. Pero, por lo general, la negación nos mantiene la cabeza en la arena, deseando y esperando que las cosas no sean tan malas como lo son en la realidad.

Por eso puedes descubrir que minimizas las acciones hirientes, irritantes o egoístas de tu *aprieta botones*. Puedes decirte a ti mismo, o a otros: *Él tiene tantas buenas cualidades; o simplemente está pasando un mal día; o si yo no hubiera quemado las tostadas no habría dicho eso...* Por cierto que no hay nada malo en reconocer lo positivo, pero constituye un error evitar las realidades negativas. No se desvanecen cuando las sorteamos, sino que a menudo empeoran.

Negamos por las mismas razones que lo hacen los *aprieta botones*: por miedo a perder amor; por no querer parecer o ser malos; para evitar conflictos, por sentimientos de culpa o por orgullo, por ejemplo. Estos son asuntos reales, y pueden ser tratados en contextos adecuados de crecimiento o ayuda, tales como un grupo estructurado de apoyo o consejería. Pero la negación puede robarte vida y años, así que vale la pena trabajarla y ver la realidad como es. La realidad es siempre tu amiga.

Un buen antídoto contra la negación, si te encuentras haciendo esto, es ir a un verdadero amigo, confiable y franco, que conozca tu situación. Quienes son verdaderos amigos desean lo mejor para ti en el futuro, aunque debas experimentar algo desagradable en el presente. Pregúntales si estás evitando lo grave de la situación de tu *aprieta botones*. Ellos te podrán decir si es realmente un problema serio, y eso puede liberarte para tomar las acciones necesarias.[3]

¿Recuerdan a Cindy, que negaba la severidad de la condición de Dylan? Se estaba protegiendo contra la tristeza de reconocer que el hijo que amaba no era una buena persona, por lo menos en este momento de su vida. Puedes comprender que ella no quisiera ver las cosas como eran. Pero, cuando las hubo aceptado, fue capaz de ayudar realmente a Dylan en forma significativa.

Una vez debería ser suficiente

Una de las cosas que escucho reiteradamente en los programas nacionales de radio en que participo como coanimador, dice así:

—Tengo una persona problemática en mi vida.

—Bien, cuénteme sobre la situación.

—Mi esposo bebe demasiado y me miente.

—Ese es un problema serio. ¿Qué ha hecho al respecto hasta ahora?

—Le dije que quería que dejara de hacerlo.

—¿Lo hizo?

—No.

—Y entonces, ¿qué?

—Bueno, me cansé de él. Él no paró, ¿cree que debo dejarlo?

Esta clase de persona con un *aprieta botones* tiene el enfoque de que «una vez debiera ser suficiente». Esto quiere decir que ella desea y espera que una apelación, o confrontación, o invitación, o amenaza o consecuencia sea suficiente. Si no funciona, entonces se desanima y se resigna a una mala situación.

Este tipo de pensamiento es impulsado por varias cosas: un temor a entrar en conflicto, o a no tener la habilidad para estar en el conflicto; falta de recursos y ayuda para lograrlo o pensamientos ilusorios. Pero no es realista ni eficaz.

Olvida por un minuto a los *aprieta botones*, ¡la mayoría de las personas amorosas y responsables que conozco necesitan más de un recordatorio! Sé que yo lo necesito. Desearía que no fuera así, pero lo es. Por lo que es mejor ver al cambio y al crecimiento como cosas que ocurren en un proceso de tiempo, y no como un evento. Esto no es lo único que puede cambiar a tu *aprieta botones* sino una serie de actos pensados y ejecutados con sabiduría, amor y apoyo.

Espiritualiza

Es bueno, quizás lo mejor, que tú y tu *aprieta botones* sean personas espirituales. Pero puede ser lo peor para ti si eres una persona que espiritualiza.

Ser espiritual es vivir en relación con Dios y sus caminos: «Dios es Espíritu; y los que le adoran, en espíritu y en verdad es necesario que adoren» (Juan 4.24). Hacer esto significa una vida de obediencia, fe, amor y misterio. Las personas espirituales reconocen que seguir humildemente a Dios es la mejor manera de vivir. Sin embargo, al espiritualizar se distorsiona la verdadera espiritualidad. El término se refiere a la práctica de usar conceptos espirituales para defenderse contra alguna realidad negativa. El resultado final es que a menudo se culpa a Dios por los problemas de carácter que tiene una persona.

Existen tres espiritualizaciones mayores que utilizan las personas con su *aprieta botones*. El primero es predicarle. Aquí ellos, repetida e ineficazmente, tratan de motivar a la persona difícil compartiéndole versículos o principios bíblicos que les han ayudado a ellos. Hay gran ganancia en hacerle caso a las Escrituras. Sin embargo, si una persona no está abierta a ella o respondiendo, es a veces más sabio en vez de predicar la Palabra, realmente vivir la Palabra con esa persona: llegando a ser lo más amoroso, responsable y honrado posible. Esto puede a veces ayudar a que vea el valor de la Escrituras en pro de una buena vida.

En segundo lugar, algunos han llegado a ser pasivos. Esto es, dejan de hacer algo para solucionar el problema, y simplemente oran y esperan. Esto, para ellos, es a veces su último recurso cuando todo lo demás ha fallado. Es bueno dejar de jugar a Dios y pedirle a Él que obre. Pero eso nunca remueve nuestra responsabilidad de hacer las tareas que Él nos pide que hagamos. Somos colaboradores suyos, y Él muchas veces le muestra a la gente lo que debe hacer con sus *aprieta botones* además de orar.

La espiritualización más destructiva, sin embargo, es la *superioridad*. En esta actitud, la persona se siente tan cerca de Dios que ya no puede relacionarse con las cosas terrenales de su *aprieta botones*. Se preocupa, pero desde la distancia, porque no comprende las verdades espirituales que ella vive en su experiencia.

Este es un gancho peligroso sobre el cual descansar. Está arraigado en el orgullo, y no es en modo alguno espiritual. Las personas espirituales comprenden la gracia diaria que necesitan para tratar con los temas y la oscuridad dentro de sus propias almas. Están postradas ante Dios, pidiendo su ayuda para trabajar con estos problemas, y están contritos y agradecidos ante Él. No se ven por encima o por debajo de nadie; al contrario, se preocupan más de conectarse con Dios y con las personas de manera sana y creciente.

Por lo tanto desecha la espiritualización y pídele a Dios que te haga espiritual. Tendrás mayores posibilidades de ser un agente de cambio para tu *aprieta botones*.

Asume demasiada responsabilidad

Es fácil asumir a la ligera que los efectos negativos de la persona difícil no son por su carácter y por sus decisiones, sino porque tú haces algo mal. Quizás ella no es confiable y es irresponsable. Hace tiempo que dejaste de pedirle que trajera algo del almacén, porque sabes que llegarás a casa y no estará allí.

Pero cuando dices algo al respecto, responde que se debe a que tus demandas son excesivas en relación con sus demás responsabilidades. Tú eres la gota que rebalsó el vaso. Y si de partida tiendes a ser muy responsable, este tipo de escenario puede causar que te veas a ti mismo como el provocador y como si fueras el problema.

No hay duda que todos deberíamos escudriñar nuestras vidas y acciones para ver si estamos haciendo aquello de que se nos acusa. Pero, habiendo hecho eso, necesitamos investigar y ver si asumimos demasiada carga del conflicto originado en el *aprieta botones*.

Este problema también se manifiesta cuando asumimos toda su responsabilidad. O sea, que nos hacemos cargo de las opciones de la persona compleja y sus resultados, debido, muchas veces a alguna falta de definición personal o separación. El mejor equilibrio es trabajar firme en lo que te corresponde, y dejar el resultado al otro y a Dios.

Espera permiso

Existe una parte cortés, esperanzadora en todo esto, que nos ayuda a evitar conflictos. Y opera un poco como las películas antiguas en Inglaterra, donde los modales y la etiqueta era todo: esperas cortésmente hasta que el *aprieta botones* esté dispuesto a abrirse y a ser ayudado, y entonces, y solo entonces, le hablas. Esperas que vea los errores de su camino y vendrá a ti para que le ayudes a cambiar.

Puede ser una larga espera. A menudo, lo último que quiere la persona difícil es pedirle a alguien que lo ayude a cambiar. Entre más silencio hay, más asentimiento percibe y asume. Aunque el individuo puede no querer parecer controlador o intruso, el resultado es que las cosas van en ascenso y salen de control.

Trabajé con una mujer que pensaba que su silencio y distanciamiento serían suficiente para que su esposo impulsivo y alcohólico dependiente lo notara y le preguntara qué estaba mal. Estaban casi en la bancarrota antes de que lograra convencerla que su plan no estaba funcionando.

Ser cortés y no ser controlador es bueno. Pero también hay un lugar para la advertencia, para interrumpir un problema y para la confrontación, tanto a tiempo como fuera de tiempo (2 Timoteo 4.2), eso es, cuando la persona está abierta y aun cuando no lo está.

Reacciona y explota

Confesemos todos juntos ahora: *Yo permito que mi aprieta botones me obligue a decir cosas que nunca deseé haber dicho.* Como vimos en la introducción, esa persona te puede inducir a ser alguien que no quieres ser y a revelar lo peor de tu naturaleza de una manera que te sorprende. He visto a damas misioneras, que al ser gatilladas por alguien, salen con tal vocabulario que ni ellas mismas sabían que lo conocían. Y los *aprieta botones* pueden evocar sentimientos intensos de amor, ira, impotencia y ansiedad.

Esta capacidad de reaccionar y de explotar se debe a alguna dependencia. O sea, estamos en un estado de necesidad de algo quizás calidez, afirmación o amor y lo buscamos en la persona difícil. Luego, cuando no aparece, no respondemos con madurez sino con desesperación y emoción desenfrenada. A veces lo hacemos para tratar de cambiar a la persona y lograr su atención una especie de pensamiento como «*mira lo que me has obligado hacer*». Pero generalmente es muy ineficaz. El *aprieta botones* seguramente piensa: *¿Ves? Yo no soy el problema, lo es esa desquiciada y gritona.*

Si tu *aprieta botones* no te proporciona algo que necesitas encuentra un lugar seguro y cuerdo para lograrlo, por lo menos por ahora. Hay personas alrededor tuyo que tienen aptitudes para respeto, la ayuda y la empatía, y tú necesitas encontrar formas de valerte de ellos.

He probado de todo...

Este no es realmente un enfoque. Es más como una resistencia. Sin embargo, es una actitud común que merece ser discutida. El individuo ha probado muchas cosas y ha descubierto que nada cambia al *aprieta botones*. Se siente sin esperanza e impotente y no ve ningún final feliz, excepto que las cosas quedarán iguales.

En teoría, es posible que una persona *haya* probado todo con su *aprieta botones*, pero solo en teoría. La mayoría de las veces he encontrado que quiere decir otra cosa. A menudo significa que la persona ha probado algunas de las cosas ineficaces de este capítulo, destinadas a fallar. O que ha intentado con algunas buenas, pero insuficientes. O ha hecho esfuerzos, pero sin suficiente apoyo o persistencia.

En la sección tres, presentaremos varios recursos clave para ayudarte a crear un cambio de ambiente para tu *aprieta botones*. Puedes encontrar que estás haciendo algunos, pero existen otros que no conocías. Y a veces quiere decir que la persona ha hecho un poquito de algunas cosas buenas, como aquellos que dicen «una vez debería ser suficiente». Meten el dedo del pie al agua y lo sacan de inmediato.

Por lo tanto despeja la cancha de esos enfoques ineficaces y, en el próximo capítulo, comienza a pensar en estos principios en relación a tu visión para ayudar a cambiar a tu *aprieta botones*...

Desarrolla una visión
para el cambio:
Tu punto de salida personal

CUANDO ACONSEJO A LAS PERSONAS acerca de su *aprieta botones*, a menudo les pregunto cuál es su visión para el futuro de la relación. Muchas veces, su respuesta es una mirada curiosa como que si hablara en marciano. La reacción es seguida por algo como: «¿De qué me estás hablando? Lo único que quiero es sobrevivir y no volverme loco. No existe visión».

Es comprensible que aquellos que enfrentan una relación difícil tengan problemas con el concepto de visión. La palabra tiene que ver con cosas positivas como metas altas, sueños y aspiraciones compartidas. Las grandes empresas a menudo comienzan con un sueño. Las iglesias y ministerios tienen los mismos orígenes. Comienzos humildes, pero metas elevadas, esa es la naturaleza de la visión. Aquellos con un *aprieta botones* no sienten la misma libertad creativa, enérgica e inspirada. Están demasiado ocupados jugando a la defensiva, esquivando los efectos de la relación, preocupándose y, como en la conversación anterior, a veces solo tratando de sobrevivir. Para expresarlo en una metáfora, es difícil tener una visión en medio de una pesadilla.

POR QUÉ NECESITAS UNA VISIÓN

Al mismo tiempo, sin embargo, necesitas una visión, especialmente si estás en una relación de *aprieta botones*. Esto va más allá de la supervivencia. Para que puedas hacerlos tuyos y usar los siete recursos que están a tu alcance, tendrás que hacer cosas que no has hecho antes, a las que temes o te resultan desagradables, pero que son necesarias. Y la visión te ayudará a sostener el esfuerzo y el valor requerido.

Esto es muy importante en relaciones difíciles, ya que generalmente hay alguna resistencia, o reforzamiento en la otra persona cuando comienzas a hacer los cambios importantes que deben hacerse. Necesitas mantenerte seguro en la ruta.

Brevemente describiremos visión *como un cuadro mental de un resultado deseado que te da pasión y propósito.* Es una imagen que tú has creado y construido en tu mente que aprisiona la meta que tienes. Su propósito es llevarte a través de los tiempos oscuros para que puedas seguir hasta lograrla. Las personas que quieren bajar de peso pueden colocar en el refrigerador una foto de un traje de baño que querrían usar. Aquellos que están ahorrando para comprar una casa pueden colocar en la pared un diagrama de su casa soñada. Un individuo que busca una promoción en su empleo puede mandar a hacerse una placa con su nombre y posición grabada en ella.

La visión es dada por Dios, y es modelada por él. Una de las últimas declaraciones de Jesús en la cruz fue: «Consumado es» (Juan 19.30). Lo que había completado era su visión de redimir al mundo para sí al sufrir la muerte por nosotros, y completó su misión. Esa es la naturaleza de la visión. Cuando las circunstancias son más tormentosas, la claridad de la visión ha mantenido a muchos viajeros firmes en el sendero.

En la introducción al libro, pintamos una visión para los objetivos del mismo. Este capítulo describe un tipo de visión diferente. Esta es una particular, específica e individual, moldeada a tu situación con tu *aprieta botones*.

ASPECTOS DE LA VISIÓN

¿Cómo haces para crear una visión de lo que quieres ver? Aquí van unas ideas para probar.

Presencia de lo bueno versus ausencia de lo malo

Este es difícil. Es difícil ver más allá del deseo de que un esposo deje de gritar y tirar cosas, o que una esposa deje de regañar constantemente. Estos involucran la cesación de cosas malas, que es ciertamente importante, pero no suficiente. Si todo lo que ocurre es que se termina el mal comportamiento, probablemente estás esperando demasiado poco. Mucho mejor es desear que él sea accesible y capaz de enfrentar amorosamente el conflicto, y que ella sea paciente y vulnerable cuando exista un problema.

Pon un componente relacional a tu visión

Seguramente estás en una relación personal con tu *aprieta botones*. Eso es, te gustaría lo que cualquiera de nosotros desearía: componentes relacionales tales como cercanía, seguridad, intimidad, respeto, libertad, confianza y mutualidad. Estos son importantes, ya que las relaciones son lo más importante de la vida. Píntalas en tu visión.

APUNTA ALTO

Puedes estar desalentado, pero a pesar de eso apunta alto en tu visión. Como dice el antiguo refrán: apunta a una estrella y puedes darle a un tronco; apunta a un tronco y capaz que no le des a nada. Personas con bajas expectativas raramente resultan defraudadas, y eso no es algo bueno.

Existe un rango de visión que se aplica a la relación de *aprieta botones*. El objetivo más alto es que tu persona difícil será transformada de adentro para fuera. Esa visión involucra mucho más que un cambio de comportamiento, es un cambio de corazón. E integra los comportamientos externos, aunque sean molestos, con el mundo interno, que es un proceso más cabal y completo. Aquí hay unos ejemplos de metas altas para tu individuo difícil.

- La esposa irresponsable que está arruinando financieramente a la familia, madura y llega a ser confiable y responsable.

- El amigo centrado en sí mismo, al que no le importan tus sentimientos y asuntos, desarrolla la habilidad de poner a otros antes que él mismo y experimentar una genuina y profunda empatía.

- El esposo bebedor no solo deja de beber, sino resuelve el dolor emocional interno que le hace difícil estar cerca de él.

- El hijo adulto taciturno cuyos arrebatos causan caos llega a ser estable, amable y agradable.

- El jefe controlador demuestra gracia y libertad a sus subordinados.

Todo es posible

¡Trata de no ser demasiado escéptico en este punto! Puedes muy bien estar pensando: *Esto no es realidad y no es posible.* Estoy de acuerdo en que, cuando de libertad humana se trata, existen pocas garantías. Sin embargo, hay dos que es importante conocer. Una es que todas las cosas son posibles con Dios (Mateo 19.26); y la segunda es que Dios está de tu lado, y ha diseñado a tu *aprieta botones* para mejorar y estar más feliz viviendo la vida a la manera de Dios.

Por lo tanto deja a un lado el escepticismo por ahora, y trabaja en elaborar tu propia visión.

Lo fundamental

Nunca olvides, mientras desarrollas tu imagen mental, lo que discutimos en el capítulo uno: la mayoría de las veces, el principal problema del *aprieta botones* es que no reconoce, ni asume la responsabilidad por todos los asuntos que afectan a su vida y a los que lo rodean.

Esto debe estar aquí: tu visión debe incluir el cuadro de esta persona siendo capaz de reconocer que está equivocado, de sentirse arrepentido, de escuchar cómo te afecta a ti, de saberse causante del problema, y de entrar en un proceso de cambio si es necesario para ayudarse. Cuando esta línea se cruza, y puede no ser instantáneo, todo va más rápido y mejor después de eso.

¿CON QUÉ TE CONFIRMARÁS?

También necesitarás una especie de requerimiento mínimo. Eso es, necesitarás articular claramente el cambio más pequeño que aceptarás como algo bueno. Un esposo que no se separa ni enoja por semanas, pero que aún rehúsa juntarse con un grupo de crecimiento para mirar sus problemas, es siempre mejor para ti que uno que no ha cambiado en nada. Una esposa que gasta mucho menos, pero aún gasta demasiado, es una mejoría. Un alcohólico que deja de beber solo por su fuerza de voluntad ya no es un peligro para sí mismo ni para otros por ahora, aunque corre el riesgo de una recaída, y por lo general manifiesta irritabilidad o depresiones que el licor ha estado disfrazando.

De ninguna manera estoy diciendo que debes estar satisfecho y contento con la restricción externa que no involucre cambios de actitud, sentimientos, perspectivas y valores internos. Eso puede y debería ser un deseo y objetivo para toda la vida. Al mismo tiempo, aléjate de la crítica crónica a la otra persona. No querrás que tu *aprieta botones* viva bajo tu idea de que *no es suficiente*. Finalmente se rebelará contra esto y ambos perderán. Una mejor posición es: *Esto es bueno, y quiero aun algo mejor para nosotros.*

Esto también es importante porque si solo logras un cambio de comportamiento sin una vida cambiada, lo que es ciertamente un progreso, estos cambios son vulnerables de que sean muy temporales si todo termina allí. Casi cualquier niño de escuela puede dejar de escupir cuando la maestra está en la sala. Pero los impulsivos no pueden cuando ella no está. Tú deseas que tu persona difícil cambie desde adentro para que no quiera hacer lo negativo que ha estado haciendo.

Siempre mantén tu visión enfocada en el cambio de corazón. Es el más profundo, el más permanente y el más efectivo. Demora más tiempo en cambiar, pero así es la naturaleza del cambio y el crecimiento.

AGREGA LOS DETALLES

Cuando un *aprieta botones* cambia, la vida cambia también. La relación llega a ser un lugar en que ocurren cosas que nunca pensaste que ocurrirían. Piensa en las personas que conoces que mantienen buenas relaciones, y las cosas buenas que pueden hacer. Agrega estas cosas también. Esto puede ser por ejemplo: más tiempo juntos, viajar o comenzar alguna acción de ayuda o ministerio a personas con problemas, hobbies, artes o deportes. Estos agregados te dan fuerza, perseverancia y orientación.

Tercera Parte

IMPLEMENTA
TUS RECURSOS

5

RECURSO # 1: DIOS

S I EXISTE ALGO EN EL MUNDO QUE LLEVE a una persona a
pensar en Dios, es una relación difícil. La pone directamente
de rodillas.

Necesitamos buenas relaciones para sobrevivir, y estamos
diseñados por Dios para un propósito relacional. Nos importan las
personas, y cuando el amor o compañerismo que anhelamos
encuentra problemas y desconexiones, es difícil ignorar el dolor e
incomodidad que ocasiona. Es más, ya que somos bastante incapaces
de controlar las acciones y palabras de otra persona, somos obligados
a enfrentar nuestra propia impotencia. Y la experiencia de impotencia
es a menudo una ruta directa a mirar hacia Dios.

Cuando dicto conferencias alrededor del mundo, escucho reiteradamente que muchas personas comenzaron a volverse a Dios
como resultado de un problema de relaciones. Recientemente
estuve hablando en una reunión acerca del crecimiento espiritual y
emocional, y pedí a los asistentes que levantaran sus manos por la
razón que habían venido. ¿Era asuntos emocionales o de conducta,

relacionados con el trabajo, búsqueda general por crecimiento o un problema relacional? La gran mayoría escogió problemas de relacionales interpersonales. Matrimonios, flirteos, familia, el ambiente del trabajo y las amistades pueden hacernos sentir que *hemos llegado al fin de nuestros recursos.*

Tiene sentido: te importa un *aprieta botones* y quieres que las cosas marchen bien entre los dos. Sin embargo, esa persona es libre de escoger su comportamiento para contigo, sus actitudes e incluso si quiere estar en contacto contigo. El amar a alguien es realmente un dilema. Amar a una persona difícil puede ser muy, muy duro.

DIOS LO SABE

Dios comprende esta situación. La conoce conceptualmente y por experiencia. Dios la vive cada día, amándonos y solo queriendo una relación para nuestro bien; pero nos da la libertad de decirle no, lo que a menudo hacemos.

Las palabras de Jesús a la gente ilustra la profundidad de su emoción y empatía hacia nosotros:

> ¡Jerusalén, Jerusalén, que matas a los profetas, y apedreas a los que te son enviados! ¡Cuántas veces quise juntar a tus hijos, como la gallina junta sus polluelos debajo de las alas, y no quisiste! (Mateo 23.37, 38).

Dios desea profundamente el contacto, sin embargo no pasa por encima del libre albedrío que también ha creado en nosotros. Se permite ese tipo de tensión, no porque sea bueno o agradable para Él, sino porque en libertad *es la única manera en que podremos alguna vez tener una relación que brote desde adentro, del corazón, y no forzada ni controlada.* Ese es el único tipo de relación en la que está interesado

y, en última instancia, es la mejor manera en que hemos de relacio-
narnos con Él y con los demás.

Su inversión en tu *aprieta botones*

Como ya hemos visto, *los aprieta botones* pueden ser personas
complicadas que crean relaciones complejas. Sin embargo, Dios
hace brillar la luz de la verdad y comprensión en estos asuntos. Él
es quien «conoce los secretos del corazón» (Salmo 44.21). Él está
consciente de las incongruencias, de los repentinos cambios de
humor, de los contraataques, del acto de culpar y de todas las facetas
de tu persona difícil que te desconcierten. Estos no son misterios
para Él. Por el contrario, Él puede mostrar el camino a través de los
laberintos.

Es por eso que colocar a Dios como el primer recurso para tratar
con tu *aprieta botones* no tiene que ver con ser «religioso». No tiene
nada que ver con eso. Se trata de someterse y seguir la realidad, la
sabiduría, el apoyo y la dirección. Cuando te enfrentas a un
problema en la vida, respecto de algo en lo que tienes poca experiencia, la mayoría de las personas llaman a un experto y consultan
a alguien de experiencia. Los médicos están para asuntos de salud;
los contadores para temas de impuestos y los profesores por asuntos
educacionales. Literalmente, *Dios tiene más experiencia que ningún otro
en tratar con aprieta botones.* Y Él conoce las respuestas a cualquier
pregunta o situación acerca de personas complicadas. Ir al
Arquitecto de las relaciones no es solo un asunto espiritual; está
basado en la realidad.

El plan de reconciliación

Dios tiene una intención y un plan para tu *aprieta botones*, tal como
lo tiene para ti. Esa intención es la reconciliación, proceso por

medio del cual las partes enemistadas resuelven sus diferencias y se unen otra vez. Él quiere que tu persona difícil se reconcilie nuevamente con Dios mismo, con otros, y con su propio corazón. Es una de las cosas en la que Dios está más interesado para la humanidad: «Que Dios estaba en Cristo reconciliando consigo al mundo, no tomándoles en cuenta a los hombres sus pecados, y nos encargó a nosotros la palabra de reconciliación» (2 Corintios 5.19).

Si tu *aprieta botones* está haciendo las cosas que tú lo ves hacer, generalmente indica que por lo menos una de estas tres áreas de reconciliación puede no estar operando. La persona podría no estar plenamente conectada a Dios y Su vida. Por cierto, no está reconciliado contigo y probablemente con otros. Y seguramente tiene partes de sí mismo que no están reconciliadas con otras, lo que coloca su vida en conflicto, especialmente en lo que se refiere a las relaciones.

En el equipo del aprieta botones

Es también importante darse cuenta que Dios está «a favor de» tu persona difícil, de igual forma está «a favor» tuyo. Desea profundamente la mejor vida posible para el *aprieta botones*, lo que es bueno saber, especialmente cuando ya no te queda amor ni buenos deseos y no sientes más que emociones negativas hacia él. Dios tiene una reserva inagotable de gracia y amor, no sólo para ayudarte a perseverar con esa persona, sino para llegar, directamente, de Él a la persona. A menudo he orado en mi vida: «Dios, ya no me queda amor por esta persona. Perdona, por favor dame algo del tuyo, porque aquí dentro ya no queda más». Y Él lo hace.

Por cierto esto no quiere decir que Dios está de acuerdo con las posiciones y comportamientos de tu *aprieta botones*. Puede estar más de acuerdo contigo que con él en relación a lo que está haciendo esa persona. Dios toma posiciones claramente definidas en muchos asuntos, tales como el engaño (Salmo 101.7); la falta de amor (Mateo 24.12); el egoísmo (Santiago 3.16) y la irresponsabilidad (Proverbios 20.4). Pero, como Creador, Padre y Redentor, Él le ama y quiere lo mejor para él.

EL ARQUITECTO DE LA VIDA Y DE LAS RELACIONES

Pero hay más en mirar a Dios que simplemente saber que Él ama y comprende la situación. Existen razones prácticas y funcionales también. Él es el Arquitecto de las relaciones. Él diseñó la naturaleza de las conexiones humanas, en toda su complejidad y funcionamiento. Él es la relación misma.

En su rol de Arquitecto, Dios diseñó la vida y las relaciones de acuerdo a ciertas reglas y leyes que operan de determinadas maneras. Ya que Él no falla, tampoco fallan sus leyes. Cuando vivimos en sumisión a ellas, la vida funciona mejor. Cuando somos antagónicos a ellas, las cosas deberían desmoronarse y de hecho lo hacen. Tal como ocurre con las leyes físicas del magnetismo, la gravedad y la electricidad, no puedes ir en contra de ellas por mucho tiempo. Trata de decir que no crees ni estás de acuerdo con la gravedad, y luego salta. Puedes durar algo en el aire, pero hasta Michael Jordan (el jugador de baloncesto más famoso de Estados Unidos) tiene que bajar tarde o temprano.

Por ejemplo, toma la ley de sembrar y segar, derivado de Gálatas 6.7: «No os engañéis; Dios no puede ser burlado: pues todo lo que el hombre sembrare, eso también segará». La idea básica es que para cada causa existe un efecto; por cada acción hay una consecuencia. Si sembramos amor, humildad y responsabilidad, deberíamos cosechar eso. Si fallamos en sembrar, deberíamos experimentar la desconexión, las reacciones a nuestro orgullo y las pérdidas.

Un *aprieta botones* que siembra egoísmos y arrogancia, debería —en una forma real y práctica— recibir de las personas todo tipo de pesares. Su familia debería estar confrontándolo. Sus amigos diciéndole que se van a ir y no van a regresar, sino hasta que demuestre que se preocupa por algo más que sí mismo. Su jefe no debería promoverlo porque irrita a sus compañeros. He visto funcionar la ley del sembrar y segar de maneras poderosas cuando las personas permitieron que su *aprieta botones* la experimentara. A la inversa, la he visto interrumpida por rescatistas y facilitadores, y su poder temporalmente anulado por aquellos que están dispuestos a ayudar para que la persona evite las consecuencias. Dios disciplina a aquellos que ama (Hebreos 12.6). No cometas el error de anteponerte entre tu persona difícil y las reglas de Dios.

En la misma línea, tu persona difícil debiera notar una mejoría en la vida cuando llega a ser cariñoso, autocontrolado y honrado. Tú y otros se acercarán a él; los demás deberían apoyarlo y querer estar con él; en el trabajo le tendría que ir mejor. Todo esto es para decir que Dios y sus maneras son más grandes, mayores y fuertes que tu *aprieta botones*. Él está operando detrás de las escenas, y aunque los campos están blancos para la siega, existe una falta de obreros (Mateo 9.37-38). Enrólate como voluntario para ayudar a Dios con tu *aprieta botones*. Pueda que te diga que confrontes algo, o dejes de regañar, o trates con alguna ceguera en ti mismo. Lo que te diga, sin embargo, es para ti, la persona y la relación.

EL MENSAJE DETRÁS DE LA LOCURA

En una forma más profunda, debes estar consciente de que Dios puede estar haciendo algo detrás del escenario contigo, en y a través de tu relación con el opresor de botones. Puede estar trabajando contigo para que también lo conozcas mejor. Él no está muy interesado en resolver tu problema relacional solo para que seas una persona feliz. Sabe que eso no es en última instancia lo mejor para ti. La felicidad no debería ser la meta en la vida; es un subproducto de algo más, lo cual es estar conectado con Él y Su vida. Dios no quiere ser tu Prozac (antidepresivo fuerte). Te quiere a ti. «He aquí, yo estoy a la puerta y llamo; si alguno oye mi voz y abre la puerta, entraré a él, y cenaré con él y él conmigo» (Apocalipsis 3.20).

A menudo, la relación con el *aprieta botones* nos ayudará a crecer espiritualmente y a estar más conectados con Dios. Aprendemos acerca de la fe al manifestarse en la relación realidades no percibidas. Aprendemos acerca de la esperanza al desear ver cambios en el futuro que solo Dios puede producir. Aprendemos del amor al ver cuánto Él quiere ayudarnos a nosotros y a nuestra persona difícil.

Tengo una amiga casada con alguien que fue un *aprieta botones*. (¡Sí, esto ocurre y bastante a menudo!) Ella tenía un serio compromiso con su fe y su relación con Dios, pero las luchas que sostuvo en su matrimonio la cambiaron profunda y permanentemente. Por ejemplo, su visión del dolor es ahora abrazarlo. Ella no disfruta el dolor, pero no rehuye del dolor que la hace crecer espiritual y personalmente. Ella ve a Dios detrás del dolor, y se mueve hacia él.

Puedes estar orando y pidiendo dirección a Dios, y eso es algo bueno. Puede ser algo como: «Señor, ayúdame a saber cómo tratar mejor a esta persona». Sugeriría que agregues a esa oración lo siguiente: «Señor, ayúdame a ver la lección que quieres que yo aprenda de todo esto para mi vida contigo. Ayúdame a ver que no se trata solo de cambiarlo a él, sino acerca de transformarme a mí». Las realidades de Dios funcionan para todos nosotros. Él está integrado con sus verdades y estas son universales. Lo que es bueno para tu *aprieta botones* es bueno para ti también. Puede existir por delante un viaje de fe bajo el tumulto de tu relación difícil. Búscalo.

Fe al estilo de Abraham

¿Cómo unes a Dios, a ti mismo y a tu *aprieta botones* en la fe? Hay varios elementos involucrados y la mejor ilustración es la vida de Abraham, llamado el Padre de la fe. Dejó su entorno conocido y siguió a Dios en fe, como tú tendrás que hacerlo.

> Por la fe Abraham, siendo llamado, obedeció para salir al lugar que había de recibir como herencia; y salió sin saber dónde iba. Por la fe habitó como extranjero en la tierra prometida como en tierra ajena, morando en tiendas con Isaac y Jacob, coherederos de la misma promesa; porque esperaba la ciudad que tiene fundamentos, cuyo arquitecto y constructor es Dios (Hebreos 11.8-10).

Abraham fue llamado. Esto es algo que Dios ha hecho por muchos años con su pueblo. Él se extiende hacia nosotros de muchas maneras. La fe trata de reconocer el llamado. Este puede llegar en la forma de una zarza ardiente, un verso de la Biblia que nos salta de la página, una conversación telefónica o un correo electrónico de un amigo. Lo importante aquí es estar abierto y atender. Está atento; escucha el llamado.

El atender o responder a ese llamado no es fácil en un mundo de bipers, teléfonos celulares y mensajes instantáneos. Probablemente necesitarás encontrar algunos minutos programados en tu día para poder oír la voz quieta y apacible en medio del bullicio del mundo moderno.

Durante este tiempo, confiesa a Dios que estás al final de tus recursos con tu *aprieta botones*; que has hecho todo lo que sabes y que no está respondiendo. Pídele ayuda, y hazle saber que estás abierto a cualquier respuesta y a cualquiera dirección suya. *Haz realmente Tu voluntad, no la mía.* Esto tiene lógica, puesto que tus soluciones no te han ayudado. Es hora de escuchar otra voz.

Los llamados varían por naturaleza y por situación. Tu llamado puede ser el de no hacer nada en el presente con tu *aprieta botones,* sino estar quieto y conectarte con Dios. O puede ser cambiar la forma en que estás operando. Mantén la mente abierta.

Abraham fue a un lugar que no conocía. Eligió ir en fe, sin intentar controlar la situación. Aterrizó en territorio desconocido, en una tierra extranjera. Esa estaba fuera de su zona de comodidad. Podrías pensar: *Yo no estoy en una zona de comodidad, no puedo identificarme con esta historia.* Eso no es verdad. Puedes estar infeliz o desdichado en tu relación, *pero existe consuelo en el mal conocido.* Puedes saber cómo manejar a la persona tratándola con guantes de seda. Puedes haber aprendido a predecir sus humores caprichosos. Puedes haber descubierto cómo defender las finanzas de su irresponsabilidad. Puedes saber cómo evitarlo cuando tiene un día malo. Y eso funciona como una modalidad para sobrevivir. Existe consuelo y comodidad en estas estructuras, y probablemente necesitas de ellas. Pero es posible que haya llegado el momento de hacer nuevos enfoques. Casi me atrevo a asegurarte que el crecer en fe con tu *aprieta botones* te sacará de tu zona de comodidad.

Puedes tener que decir cosas que temes, o hacer cosas que no acostumbras. Puedes tener que tratar con algunas cosas en ti que son dolorosas. Pero cuando lo miras en forma realista, ¿cuál es la alternativa? Se reduce a volver a tus antiguos esfuerzos que no han funcionado, o a darte por vencido, lo que significa que las cosas podrían tornarse peores. Ese es el misterio de Dios: toma situaciones que están en su punto peor, cuando estamos al final de nuestros recursos y se involucra. Redime, repara, restaura y sana. Esa es su naturaleza: «De la mano del Seol los redimiré, los libraré de la muerte» (Oseas 13.14).

Tener fe es salir de la tierra de la comodidad. Dios no provee Su ayuda y Su amor junto con la comodidad. No es así como Él hace las cosas. Tarde o temprano, nos dice que salgamos del barco y comencemos a caminar. Por tanto, abandona tu zona de comodidad, escucha el llamado y camina.

Abraham tenía una esperanza. Vivía en tiendas pero esperaba una ciudad con fundamentos. Estos se refieren a la estabilidad y la fuerza. No es una esperanza de un futuro con paz y seguridad. Estarás viviendo en una tienda por un tiempo, la tienda de las experiencias, las relaciones, los pensamientos, los sentimientos y los riesgos nuevos. Pero te aguarda una ciudad a la cual puedes esperar. Es la ciudad de una vida mejor: la vida de Dios, una vida de relación y libertad, una vida en la que ves a tu *aprieta botones* entrar en el proceso de crecimiento y cambio. Bien vale acampar un tiempo en una pequeña carpa.

FE EN DIOS, NO FE EN LA FE

Es importante que comprendas que esta vida de fe no se trata solo de querer y desear. Eso coloca el poder en las manos del que desea. El poder de la verdadera fe está arraigado en la sustancia y la realidad del objeto de esa fe. Ese objeto es Dios —tu fuente primaria para tratar con *aprieta botones*— y nadie puede tratar con ellos mejor que Él. He visto a Dios por muchos años hacer milagros con *aprieta botones*. Personas que nunca habría soñado que se hicieran cargo de sus comportamientos, han cambiado. La presencia de Dios y Sus procesos de crecimiento son confiables. Aléjate de todo esto y escucha el llamado.

RECURSO # 2: TU VIDA

NUNCA OLVIDARÉ EL DÍA EN QUE DESCUBRÍ accidentalmente el misterio tras la desconexión entre Kevin y
Cheryl. Los estaba atendiendo en consejería matrimo-
nial y era una pareja que me confundía. No podía entender los
patrones de comportamiento entre ellos. Parecía que debía estar
Cheryl en consejería individual, sin Kevin, pero ella quería que él
estuviera allí, y él humildemente accedió.

Cheryl era siempre hiperactiva y se enojaba hasta con las más
pequeñas faltas que cometía Kevin. Podía ser cualquier cosa, desde
olvidar comprar la leche a no apagar las luces. Yo estaba tomando
parte en contra de Cheryl, porque me parecía que Kevin estaba recibiendo más fuego del que merecía. En mis libros, ella era la *aprieta
botones*.

Pero ese día él llegó tarde y no era la primera vez. Soy bastante
estricto en cuanto a que ambas personas en trabajo de pareja lleguen
a la hora, por lo que iba a decir algo al respecto. Pero Cheryl
explotó, diciendo cuán desconsiderado era Kevin y que todo era así

en su matrimonio. Estaba pensando en cómo dirigirme a Cheryl, cuando noté de reojo que Kevin sonreía. No era una gran sonrisa, sino más bien pequeña y secreta, pero definitivamente una sonrisa.

«Kevin, estás sonriendo. ¿Qué pasa?» Le pregunté.

Al principio trató de negarlo, pero Cheryl lo había visto también. Finalmente lo admitió. Y lo que salió fue que era una especie de sonrisa de victoria para él. Era un hombre que parecía ser un tipo normal con una esposa loca. Era muy importante para él aparecer bien y ella mal. Y, más tarde, cuando accedió a ser muy, muy honesto, contó que llegaba intencionalmente unos minutos más tarde a nuestra sesión, sabiendo que Cheryl se indignaría y él aparecería como la víctima. Realmente era él el iracundo y hacía verla a ella como tal.

Yo había caído en ese juego hasta que ocurrió lo de la sonrisa, por lo que le dije a Cheryl: «Ahora comprendo tu ira. Kevin a veces te provoca. Ya entiendo, pero debo decirte que nunca tendrás el matrimonio que quieres hasta que sus acciones encubiertas no te provoquen. A partir de ahora, cuando sientas estos pequeños pinchazos suyos, quiero que le digas: «Me siento distante y dolida ¿Fue a propósito o hice algo que te hizo enojar? ¿Me dices lo que ocurrió para que podamos volver a comunicarnos?»

Cheryl fue increíble. Pudo pasar más allá de su enojo y entrar en su herida y vulnerabilidad con Kevin. Al final, al hacer ella la primera movida de sanidad comenzó a molestar a Kevin. No pudo disfrutar viéndola explotar, porque no lo estaba haciendo. Solo estaba triste y dolida. Dejó de tratar de verse como el tipo bueno demostró que también tenía problemas. No podía esconder su ira contra ella, por lo que se hizo evidente que la estaba provocando adrede. Por un tiempo se convirtió en el que estaba enojado tuvimos que tratar con eso. Comenzó a sentir más poder a medida que llegó a ser más directo, en vez de sentirse como un niño chico haciéndole muecas a su profesora detrás de sus espaldas. Empezó sentirse como un hombre con ella. Y también a descubrir empatía y cariño por su esposa, y, por último remordimiento por el dolor que le estaba causando. El *aprieta botones* encubierto cambió de maneras sustanciales y profundas. No creo que habría pasado lo mismo si Cheryl no se hubiera movido de la frustración y reacción a estar triste y dolida. Su suavidad lo derritió.

Estoy resumiendo mucho trabajo en pocas palabras, pero el caso de Kevin y Cheryl demuestra un punto: *Tú y tu vida son un agente de cambio con tu aprieta botones.* Como vives, te mueves y operas en el mundo y en la relación tiene un poder del cual a lo mejor no estés consciente. De hecho hay esposos que no habrían sido movidos por el cambio de Cheryl. Pero he visto algo similar a este caso ocurrir muchas veces.

A menudo no pensamos en nuestra vida como un recurso para ayudar a modificar las cosas con nuestro *aprieta botones*. Pensamos más acerca de las conversaciones y acciones, con las que trataremos más adelante. Pero tú puedes influir y lograr mucho según la forma en que vives.

Esto puede explicarse como un asunto de luz y oscuridad. Entre más esté tu vida en la luz, o sea, expuesta plenamente al proceso de amor, verdad y crecimiento, más llegas a ser luz. La oscuridad y el ocultamiento que experimenta el *aprieta botones* reacciona a esa luz. No puede permanecer neutral por mucho tiempo, ya que la luz y la oscuridad no son compatibles. Es forzado a cambiar posición, de una manera u otra. O se encuentra incómodo con el amor, la honestidad, y el crecimiento, pero siempre es atraído a él y comienza a cambiar, llegando a ser el mismo una persona de luz. O siente que muchas cosas podrían tener que cambiar, por lo que se torna antagónico hacia la luz y se mueve en contra o apartándose de ella. «La luz en las tinieblas resplandece, y las tinieblas no prevalecieron contra ella» (Juan 1.5). En cualquier caso, hay movimiento, y eso es bueno.

Moverte hacia tu vida de luz ayuda a tu *aprieta botones* a crecer, como ocurrió con Kevin y Cheryl. Y alejarse de la luz es un compromiso que ayuda a la persona a definir su verdadero carácter y motivos. Es mejor saber las malas noticias y ayudar a la persona a experimentar las consecuencias, que tener que fingir que ella es algo que no es, que es un caso perdido.

Tu vida es como un horno de crecimiento para la persona difícil. Al ser una buena persona que está creciendo vas aumentando la temperatura, y el individuo experimenta el calor. Por lo que te recomiendo: observa estos buenos elementos en tu vida, y comienza a entender que, a medida que cambias y creces, puedes cambiar la vida del *aprieta botones*.

RECLAMA TU FELICIDAD DEL
APRIETA BOTONES

Uno de los principios más poderosos que ayuda a las personas a comenzar a ver cambios en su relación, involucra recuperar, recapturar y recobrar el control de su propia felicidad, la que ha desplazado a su *aprieta botones*. Es muy fácil sentir que si tu persona no cambia, no tendrás amor, o estarás frustrado, impotente o infeliz. O sea, la persona sostiene la llave de oro de la mayor parte de tu vida, y mientras él no coopere, tu vida sufre significativamente.

Tampoco esto debe limitarse solo a relaciones de *aprieta botones*. Aun si todas tus relaciones son buenas y sanas, tu felicidad, crecimiento y bienestar deben depender de ti y Dios, no de otra persona. La Biblia dice que tu vida es tuya, y tendrás que dar cuenta de cómo la viviste. Ese es un rendir cuenta individual, no entre tú y otra persona: «De manera que cada uno de nosotros dará a Dios cuenta de sí» (Romanos 14.12). Una de las marcas de un adulto es que se ha movido más allá de la dependencia de los padres, de la niñez a la dependencia de adulto en sistemas de apoyo. Los padres nos protegen, nos dicen qué hacer y en parte nos controlan. Los sistemas de apoyo nos dan amor, verdad y modelos, pero no toman decisiones por nosotros. Hazte cargo de su propia búsqueda de una vida buena y significativa.

Por ejemplo, hablé con Amanda, una mujer que había tenido un conflicto con su mejor amiga, Pam, que abruptamente había puesto fin a la relación. Amanda creía que tenían una amistad sólida por lo que se sorprendió mucho cuando Pam dejó de llamarla y, de hecho, cortó todo contacto. Esto había ocurrido varios meses antes de que habláramos y aún el dolor y la emoción de Amanda eran bastante fuertes. Pasaban los días y ella no podía sacar de su mente a su amiga. Ya que Pam no quiso dar una explicación por el quiebre, quedó Amanda sin una conclusión, lo que la hizo sentirse culpable y confundida. Incluso se puso algo obsesiva acerca del problema, dejándole mensajes y correos electrónicos y hablándoles a amigos comunes acerca de lo que había ocurrido. En efecto, la amiga ausente estaba en control de su felicidad y bienestar.

Le dije: «Tienes una queja legítima al necesitar una respuesta de ella para poder entender lo que pasó y dejarlo hasta allí. Pero tienes que dejarlo hasta allí, aun con hebras sueltas, y seguir adelante. Haz que la falta de conclusión sea otro aspecto de tu dolor: echas de menos a Pam, y extrañas recibir respuestas e información. Pero sigue adelante».

Amanda pudo hacerlo y dejar sus comportamientos obsesivos. Hasta donde sé, Pam nunca ha respondido, pero por lo menos Amanda ha recuperado su vida por medio de su duelo y lo ha dejado atrás. Si tienes un *aprieta botones*, necesitas de hecho «obtener una vida». En otras palabras, es importante para ti desarrollar la capacidad de ocuparte de múltiples tareas en el mundo relacional. Necesitas hacer dos cosas a la vez: primero, poder tratar en forma efectiva y redentora con tu persona difícil, y segundo, ser capaz de navegar por una vida buena y plena de realizaciones, sin importar la forma como la persona esté respondiendo o no. Esa es la libertad que necesitas y que debes alcanzar.

Por qué regalamos la posesión de nuestras vidas

Es lo más natural del mundo permitir que tu *aprieta botones* controle tu vida y felicidad de esta manera, pero eso no es la mejor. ¿Cómo llegan las personas a este punto? Existen varias razones y soluciones.

Falta de darse cuenta. A veces, gradualmente y en un período de tiempo, una persona se da cuenta que el *aprieta botones*, o algún problema que él está causando, se ha adueñado del centro de su vida. Antes de esta relación, la persona tenía significado, intereses y buenas relaciones. Entonces, a medida que se desarrolla la relación con el *aprieta botones*, el centro y el enfoque de su vida comienza a cambiar desde su interior para arreglar y enfocar el problema.

Puesto que esto sucede gradualmente, se tiende a no notar el cambio. Cuando no se está consciente de esta situación, es fácil ver el asunto como simplemente uno más de los muchos problemas de la vida que hay que solucionar. Estar vivo involucra manejar dificultades, desde el mundo relacional a lo financiero, espiritual y de salud. La mayoría de las veces se invierte algo de tiempo y energía, y muchos se resuelven exitosamente. Si tienes un problema en el trabajo, tienes una reunión con algunas personas y lo arreglas. Si tienes un problema de relaciones con un amigo, lo conversan, discuten y solucionan. Pero cuando te enfrentas al acto de no hacerse cargo, o de no asumir del *aprieta botones*, las cosas son diferentes. Discusiones «normales», razonamientos, ruegos y regaños tienen poco efecto.

En ese punto, una extraña transformación puede haber ocurrido dentro de ti. En vez de echarte para atrás y darte cuenta de que enfrentas un problema nuevo y distinto, comienzas a trabajar más y más duro, entregando más y más territorio en tu vida, incorporando más y más amigos a la ecuación, etc. Lees un artículo en una revista, y piensas: *Quizás eso ayude.* Lees un verso bíblico y se lo muestras esperando que se le abran los ojos. Comienzas a pedir consejos a más personas.

No hay nada de malo en esto aquí, porque la mayoría de las veces deberás dividir tus esfuerzos para determinar cuán severo es el problema. Las discusiones se focalizan, las reuniones formales se arreglan, se incorporan pastores y consejeros. Pero en algún punto, *cruzas una línea.* Es la línea entre dedicarle el tiempo y los recursos de los que dispones y dar más allá de lo que puedes. Te encuentras disminuido, algo obsesivo y no puedes salir de la situación. En algún momento le corresponderá a un amigo advertirnos y decirnos: *Necesitas vivir; de lo único que hablas últimamente es acerca de él (o ella).* Seguramente tenga razón.

Pregúntate si tienes una visión de la vida muy cerrada, como mirando a través de un túnel. ¿Te estás enfocando exclusivamente en la locura del *aprieta botones*, y no ves cuánto de la vida real estás perdiendo? ¿Está la maquinación de tus pensamientos y conversaciones centrada en tu relación? Si es así, comienza a volver a entrar en la vida. Involúcrate en cualquier cosa que era buena y significativa antes que comenzara el problema. Relaciónate con personas que te den calidez y empatía, pero que también te harán saber que desean una relación más sana contigo que el solucionar problemas. Únete a ellos, conéctate, mantenlos involucrados en ayudarte, pero asegúrate de estar involucrado en ayudarles a ellos y también en hacer algunas cosas que no tengan nada que ver con el problema del *aprieta botones.* ¡Prepárate para disfrutar de la vida!

Dependencia. No es secreto a estas alturas que realmente quieres y deseas algunas cosas buenas de tu persona difícil: amor, respeto, ternura, responsabilidad, afirmación, etc. No hay nada de malo en ello. El deseo mantiene a la gente unida y les ayuda satisfacer las necesidades mutuas. Pero es un asunto distinto dejar pendiente el mayor aspecto de tu vida, esperando que la otra persona coopere para que tu vida sea mejor.

Por ejemplo, una persona con un compañero de trabajo difícil puede encontrarse pensando todo el tiempo acerca del problema. Hablará con amigos y otros compañeros acerca del asunto. Hará diferentes intentos para cambiar las cosas. Pero encuentra que cada vez que su *aprieta botones* actúa nuevamente, su día es arruinado. Su vida le pertenece a la persona que le causa problemas. ¿Quién controla su felicidad? Por cierto que no es ella misma; es el *aprieta botones*. Y el resultado final no es bueno. El individuo aún se siente frustrado e impotente y la persona difícil no cambia. No es una situación en la que los dos ganan, por el contrario pierden.

La solución es dejar de invertir, o recobrar tus pertenencias del *aprieta botones*, y colocarlas en personas que te las cuidarán. Me refiero a tus necesidades de afirmación, empatía, estructura y realidad. Cuando haces esto, hay a menudo dos resultados muy importantes. Primero, el *aprieta botones* comienza a echarte de menos, ya que tú ya no estás aferrado a él ni entrometiéndote con él. Es como aquella canción que dice: *«¿Cómo te puedo echar de menos si no te quieres ir?»* Tiene que existir espacio para que la otra persona sienta anhelos. Y segundo, es más probable que el *aprieta botones* experimente el vacío. Puedes evitar tu propia oscuridad cuando alguien depende de ti, pero cuando esa persona dice: *«Voy a estar con unos amigos, nos vemos»*, es posible que experimente quebrantamiento, egoísmo, dependencia, falta de estructura, o lo que sea que necesita tratar.

No titubees en admitir que tienes dependencia. Dios nos hizo todos dependientes unos de otros. Libérate de la dependencia de tu *aprieta botones*, y depende de agua de buenos pozos.

Temor a la vida. Es común también que la persona relacionada con un *aprieta botones* termine definiendo su vida por el problema. Es un poco como ser un médico de asistencia pública, donde tu horario total es dictado por crisis sobre crisis. Sin embargo, aunque el médico se va a casa después del turno, tú lo estás siete días a la semana. Aun cuando esto pueda sonar debilitante y poco atractivo, hay un beneficio oculto y es este: entregarle tu vida a la crisis te ayuda a evitar los riesgos y ansiedad de enfrentar la vida. Puedes tener miedo a salir y encontrar nuevas relaciones. O puedes estar evitando experimentar los sentimientos que debes sentir. O puede causarte temor reestructurar tu vida y tu horario para que estés menos involucrado con el *aprieta botones.*

Este es un dilema común entre aquellos relacionados con opresores. Aunque su situación es dura, es más fácil vivir a la defensiva con un *aprieta botones* que llegar a ser una persona independiente. Es como la parábola que enseñó Jesús acerca de los siervos que reciben cinco, dos y un talento para invertir. El que tenía menos no hace nada, sino que lo esconde en la tierra porque tuvo miedo. Sorprendentemente, el amo no estuvo contento con él y lo llamó malo y flojo (Mateo 25.14-30). Le desagradó porque el siervo malgastó recursos tan valiosos.

Requiere algo de tiempo y espacio descubrir lo que son tus talentos, pasiones e intereses. Puedes descubrir que debes tratar con temores al fracaso, a nuevos escenarios o al cambio mismo. Enfrenta los temores y llega a ser una nueva persona. Hazte cargo de tu vida, no te quedes esperando a que él cambie antes de que tú tengas una vida propia.

Al recuperar el control, no estás siendo malo ni poco amoroso con tu *aprieta botones*. De hecho, estás haciendo algo muy bueno para él. Estás siendo transformado en alguien que puede tratar amorosamente con su asunto, de forma adulta, y no por temor, necesidad o desesperación. Estás preparándote para ser el mejor agente redentor posible para su persona y para la relación.

TU CRECIMIENTO MARCA
LA DIFERENCIA PARA LOS DOS

Aquí hay algunas buenas noticias acerca de tu vida como agente de cambio para tu individuo difícil: *una persona en crecimiento es una influencia para crecer.* Esto se refiere a que entres en el proceso de crecimiento personal y espiritual. Moverse al crecimiento ocurre a menudo de una forma muy gradual: a medida que trabajas en cambiar lo que estás haciendo con tu *aprieta botones*, probablemente estás creciendo, madurando y sanando al mismo tiempo. Son procesos muy relacionados entre sí. Cheryl cambió su estilo con Kevin, y creció más que su ira. Amanda soltó a Pam, y creció más que sus obsesiones para seguir adelante.

Piénsalo de esta forma: ¿Qué condiciona a tu *aprieta botones* para ser tal cosa? Como descubrimos en el capítulo uno, se trata de una incapacidad para asumir sus responsabilidades. Hasta que no se enfrenta a eso, nada significante sucede. Una manera de forzar un cambio en tu individuo difícil *es ser una persona altamente dueña de ti misma.* A medida que asumes la responsabilidad que te corresponde por tu vida, también mueves la naturaleza de la relación hacia el crecimiento. A medida que haces lo que necesitas hacer, y asumes tu responsabilidad, tu *aprieta botones* tiene menos lugar para culpar y negar, y más incentivo para cambiar. ¡No temas trabajar los asuntos tuyos!

Volvamos a mi amiga Karen, del capítulo tres, la que tenía un padre difícil. Cuando comenzó mirando por qué no se entendía con su papá, descubrió varias cosas acerca de sí misma que necesitaban cambiar. Encontró que, en el fondo, ella regresaba al estado de una pequeña niña cuando estaba con él (para el caso, cerca de cualquier persona iracunda), y trataba de aplacarlo para evitar su ira y esperando ganar su amor. No comprendía que con algunos *aprieta botones*, no puedes obtener su amor hasta que primero no consigas su respeto. Halló que en su mente tenía cierto ideal de un padre amoroso y preocupado, así que no podría aceptar los verdaderos aspectos oscuros de su alma, por lo que trataba de olvidar el papá desquiciado cuando pasaba un buen día. También comprendió que no había ayudado a su mamá a encontrar apoyo, porque quería ser la persona que estaba «allí» para ella, y no creía que mamá pudiera necesitar a nadie más, típica idea que adoptan los hijos de padres débiles.

¡Tuvo que trabajar mucho! Pero lo hizo con una nueva dirección, más sentido y un propósito más integrado. Trabajar su bagaje ayudó a Karen a ser lo suficientemente fuerte y amorosa para entender con más eficacia a sus padres.

Llega a ser lo que estás pidiendo (Modelando)

Cuando comienzas a recobrar tu vida y tu felicidad, y te encuentras creciendo y cambiando, también le estás demostrando a tu *aprieta botones* cómo debería vivirse la vida. Eres un ejemplo de cómo el amor, las relaciones, la responsabilidad y la libertad obran todas juntas para un buen resultado. Esto puede ser muy poderoso. Recuerda que tu *aprieta botones* está nadando en contra de la corriente contra leyes y realidades muy fuertes diseñadas por Dios. Esto no puede estar haciéndolo feliz, a no ser que haya muchas personas rescatándolo, ¡no seas una de ellas! Sin embargo él está en una relación contigo, y tú estás guardando las leyes de esa relación y te va bien. Hay algo que decir a favor de que tu vida está tan llena que la gente vacía siente envidia por lo que tienes.

Aquí van unas ideas para ayudar a aplicar tu vida y crecimiento a los de tu *aprieta botones*.

Deja el rol de ser el mejor. Al mismo tiempo, aléjate de cualquier indicio de supremacía, como si estuvieras sobre tu *aprieta botones* porque eres feliz e independiente, o que te alegras porque él no está tan bien, y tú sí lo estás. Esa es una posición peligrosa y arrogante. Recuerda que tú también estás de alguna manera dañado y no terminado, y necesitas la gracia y ayuda de Dios y de otros.

Tengo un amigo que encontró a Dios y solía ir donde sus amigos y decirles: *Ahora les puedo ayudar.* Realmente no sentían que necesitaban su ayuda, y lo pasó bastante mal hasta que llegó a ser más humilde.

Un modelo congruente. Uno de los aspectos más poderosos de tu vida que puede ayudar a *tu aprieta botones* es que llegues a ser una *persona definida.* Esto es, necesitas llegar a ser claro, honesto y directo acerca de quien eres, lo que piensas y lo que quieres. He visto tantas relaciones de *aprieta botones* en que el que oprime da todas las definiciones, y la otra persona se dedica a reaccionar. Por ejemplo, el *aprieta botones* en un momento se apega y dentro de un par de horas se enoja. De modo que el otro vive a la defensiva, tratando de manejar la dependencia para luego defenderse de la ira. Esto mantiene a la persona fuera de control, lo que no es bueno.

Una persona definida no se desequilibra fácilmente. Es como un ancla en una tormenta. Le importa, pero no cambia quien es. Por ejemplo, con el *opresor* que se aferra y luego se enoja, se mantiene sereno. Es amable en el momento pero, como sabe que es algo temporal, mantiene cierta distancia. Es estricto con la ira y, o no la tolera, o lo deja pasar; no trata de arreglarlo. Esta manera de actuar definitivamente provee una línea con la cual el *aprieta botones* puede interactuar, experimentar, aprender e internalizar. A menudo, los *aprieta botones* son muy inestables interiormente, y necesitan a alguien que sea fuerte para darles la estructura de que carecen.

PERO ¿QUÉ SI ÉL NO CAMBIA?

Esa es la pregunta del millón de dólares. Otros profesionales y yo en el campo de la asistencia hemos visto a muchos *aprieta botones* cambiar de forma significativa en el largo plazo. No obstante, como hemos dicho, las personas son libres y no hay garantía de que podrás lograr el cambio.

Sin embargo, piénsalo de esta manera: *Existe una enorme diferencia entre desear el crecimiento de alguien y depender de ello.* Cuando deseas que esa persona difícil cambie, puedes hacerlo desde una posición de ser amado, fortalecido, apoyado y libre de sus locuras. Eso no quiere decir que no te sientas desilusionado por su testarudez y crueldad, o que no debes ser vigilante y protegerte de él, si es necesario. Pero sí significa que tu felicidad, esperanza, vida y futuro no están centrados en alguien que no debe manejar tu vida.

Como dice el refrán, ora como si todo dependiera de Dios y trabaja como si todo dependiera de ti. Aunque debes esperar en Dios y Su proceso, también abriga en tu mente la posibilidad que esa persona difícil quizás no reciba el mensaje. Aun triste, lo harás desde una posición de amor y consuelo. Pero sigue invirtiendo en la vida y en las cosas buenas; mantente lleno de amor y apoyo y usa tu forma de actuar como un faro de esperanza para quien te interesa.

RECURSO # 3: OTROS
(RELACIONES SEGURAS Y SANAS)

UNA DE LAS COSAS MÁS SATISFACTORIAS QUE me agrada hacer es lograr que las personas entren al proceso de trabajar en grupos pequeños. He visto ocurrir milagros de crecimiento en ellos, ya sean de apoyo, de recuperación, estudios bíblicos en hogares o de terapia. Hay algo respecto de los círculos pequeños, compuestos por buenas personas que desean profundizar en algún aspecto, que no puede lograrse de ninguna otra manera.

A menudo, los grupos pequeños pueden producir tremendos cambios en lo que esté ocurriendo con una persona que tiene un *aprieta botones*. Algunas personas, en medio de una relación conflictiva, aparecen en un grupo pensando que viven en un planeta distinto. El acto de tratar de convivir con, manejar o adaptarse a una persona difícil, les parece casi surrealista, como que no estuvieran realmente vivos. A veces pueden sentirse como que si aparentaran, viviendo por fuera como una persona normal, mientras que dentro de su hogar o de la relación, la realidad fluctúa entre frustrante a alienada, grotesca y hasta destructiva. O se perciben como un fracaso total, que no han hecho bien por lo que han causado esta demencia.

Siempre me encanta cuando comienzan a abrirse acerca de cuán trastornada es su vida hogareña, amorosa, familiar o laboral. Se dan valor y vacilantemente comienzan a hablar acerca de alguna persona de pesadilla con la cual mantienen una relación. Sé que están esperando que alguien diga: *¡Oh, Dios! ¡Tú eres la persona más enferma del mundo por soportar eso!* Pero también sé que lo que invariablemente ocurre en los buenos grupos es totalmente opuesto. Los veo inclinarse hacia delante, acercándose al que habla. Veo compasión en sus rostros. Y cuando les corresponde responder, dicen: *Comprendo. Tengo una situación similar. Me siento plenamente identificado. Oye, estoy tan contento que estás en el grupo, tenemos mucho de qué hablar.* Y veo al narrador comenzar a reavivarse y a sentirse más seguro, y confiando en que el grupo le ayudará a tratar con esta situación.

Ninguno de nuestros siete recursos para tratar con el *aprieta botones* son realmente opcionales, y eso ciertamente verdadero para este tercero. Cualquier enfoque para ayudar a tu *aprieta botones* debe involucrar relaciones seguras y sanas, o sea, personas que se preocupan de ti, comprenden y están en el lado de la realidad. Ellas te ayudarán de muchas maneras para tratar efectivamente con el asunto. Las personas buenas remueven la experiencia tipo «soy el único en el mundo», y la reemplazan con «*No estás solo; tu experiencia es común a otros.* Ellas proveen un portavoz, fundamentos, dirección y la gracia de Dios para el luchador.

Se te garantiza el fracaso si no te rodeas de las personas adecuadas. No es mi intención que eso suene negativo. Simplemente es la realidad, se requiere de relaciones para transformar las relaciones. Las personas que pueden estar alrededor de ti y contigo te ayudarán a ser quien necesitas ser para ayudar a cambiar al *aprieta botones*. Crear un contexto para el cambio no se puede lograr en el vacío. Debes conectarte.

Estaba aconsejando a una mujer cuyo *aprieta botones* era su hermano. Él no era una mala persona, pero no podían pasar tiempo juntos sin que empezara a argumentar, a ser provocativo o a criticarla.

Por ejemplo, ella decía: «Voy a mandar a arreglar mi auto al concesionario autorizado para que lo arreglen» y su hermano respondía: «Eso es demasiado caro; anda a un taller. Siempre estás malgastando tu dinero. Te lo he dicho tantas veces y nunca me escuchas». Ella trataba de hacerle ver su punto de vista, pero él rebatía todo. Ella trataba de apaciguar las cosas pero, a menos que estuviera de acuerdo en todo, recibía una verdadera charla sobre el punto.

Trabajé con ella sobre cómo la afectaba, por qué le entregaba tanto poder y cómo la niñez que compartieron era parte de todo eso. Lo comprendió, pero era también una persona muy solitaria, con dificultades para confiar, por lo que no tenía a nadie más que la apoyara. En consecuencia, aunque entendía el punto, no podía tratar efectivamente con él.

Comenzamos a trabajar para que aprendiera a establecer conexiones sanas con otras personas que fueran profundas y significativas. Era un trabajo difícil, debido a que temía abrirse a las personas. Al fin, sin embargo, inició unas buenas relaciones. La apoyaron, le permitieron experimentar sus sentimientos y le dieron una buena retroalimentación. Básicamente, llegaron a ser una segunda familia para ella.

Cuando eso ocurrió, comenzaron a cambiar las cosas con su hermano. Pudo confrontarlo cuando se pasaba de la raya. Fue más directa acerca de cómo quería ser tratada. Incluso tuvo más empatía con los problemas de él. Él estuvo más consciente de cuando se le pasaba la mano y su relación llegó a ser más beneficiosa para ambos.

No creo que esa mujer podría haber jamás enfrentado a su hermano sin sus conexiones de apoyo.

Existen dos áreas principales en que juega un rol el recurso de buenas personas. El primero tiene que ver con tu propia vida y crecimiento, y es general en su naturaleza. El segundo se trata de personas que te pueden ayudar específicamente en tu situación *aprieta botones*. Muchas veces existe una conexión entre los dos. Lo importante es que todas las funciones y procesos que vienen a continuación deben estar ocurriendo, sea en dos diferentes grupos o en uno, o en algún tipo de híbrido.

PARA LA VIDA Y EL CRECIMIENTO

Sin considerar tu relación con el *aprieta botones*, aquí hay varios de los aspectos más valiosos que las relaciones te proveen. No están directamente relacionados con la situación pero, no te equivoques, si no tienes estos apoyos relacionales, estás mucho más propenso a fracasar. Esto es como en el mundo de las computadoras donde existe una diferencia entre un sistema operativo [SO] y un *software* de aplicación. El SO, que es la base de lo que hace funcionar todo, tiene que ver con los componentes esenciales relacionales de la vida presentada en esta sección. El *software* de aplicación involucra programas como el procesador de palabras y correo electrónico; esas son las relaciones específicas del *aprieta botones*. Puedes tener el *software* más avanzado del mundo en términos de expertos, mentores y todos los amigos más cuerdos de tu *aprieta botones*, pero si no tienes funcionando el sistema operativo, simplemente es probable que fracases. Consigue primero el SO, y conéctate con las relaciones para tu vida y tu crecimiento.

Aceptación

La aceptación es parte de la provisión de gracia que todos necesitamos. Los que tienen *aprieta botones* muchas veces se sienten culpables, sufren frustración, se preguntan si no son lo suficientemente buenos, o si no están tratando lo necesario para lograr los cambios requeridos. A menudo piensan: *Si la amara lo suficiente, cambiaría.* Si esta es tu experiencia, necesitas personas que no requieran que tengas todo solucionado para estar conectado y seguro. *Ser aceptado significa que te quieren en tu situación actual, cualquiera sea, tal como eres:* «Por tanto, recibíos los unos a los otros, como también Cristo nos recibió, para gloria de Dios» (Romanos 15.7).

Es una ironía que pensamos que para estar relacionados y tener aceptación debemos primero tener todo en orden. Esa es la ley de Moisés que nos habla. La realidad es que cuando somos aceptados, entonces tenemos la elección y la libertad de cambiar sin temor de perder el amor. Esa aceptación deriva de la ley de Cristo, que es incondicional. Hay gran consuelo en ser amado y aceptado sin tener que cumplir y cambiar. Hasta que puedas experimentar y recibir la aceptación de las personas, no puedes realmente abrirte acerca de tus dudas, temores y los asuntos de la totalidad de tu vida, no solo los de la relación difícil.

Comprensión

Esto tiene que ver con la habilidad de entrar en el mundo de otra persona, tanto en empatía como en pensamientos. Ayuda que alguien realmente capte cómo es tu experiencia: «Como aguas profundas es el consejo en el corazón del hombre; mas el hombre entendido lo alcanzará» (Proverbios 20.5).

De hecho, esto no se trata solo de tu relación. Recuerda que el asunto más importante no es solucionar tu conexión desquiciadora:

es tu vida y crecimiento. Nunca pierdas eso de vista. Tu *aprieta botones* puede haber sido el gatillo, o el catalizador, que puso en contacto tu necesidad, hambre y quebrantamiento, como sucede a menudo. En el otro extremo, tu crecimiento y sanidad fluirán de nuevas maneras de ser y de relacionarse, lo que será de gran ayuda.

Por lo que no busques solo la comprensión acerca de la situación. Recibe ese tipo de conexión acerca del cuadro entero de tu vida. Aunque nadie minimizaría la dificultad de la relación, no pierdas tampoco aquí las cosas buenas. Puede ser muy valioso, especialmente en términos de ver cómo tu propio pasado, elecciones, asuntos y heridas se relacionan con cómo has escogido y conducido tu relación difícil. La comprensión te ayuda a tratar con la situación dentro de un contexto, en vez de un vacío.

Retroalimentación para el crecimiento

Busca la verdad en aquellas personas que se han dado el tiempo para escucharte y conocerte. Sus apreciaciones y percepciones te serán de mucha ayuda. A menudo tenemos puntos ciegos que solo pueden ser notados por alguien fuera de tu piel. Una buena retroalimentación es aquella equilibrada con gracia y verdad, para que la puedas tolerar y digerir. Escucha lo que las personas dicen de ti: ¿ven ellos emociones en tu expresión facial que no estás experimentando? ¿Notan alguna actitud negativa de la cual te deberías haber encargado? ¿Hay formas en que te percibes a ti mismo o a otros que debas enfrentar? Pídeles que te ayuden a crecer como persona y no te resistas a meditar sobre cualquier retroalimentación auténtica. Úsalos para crecer espiritual, personal y socialmente.

Las personas, especialmente en el contexto de un grupo, son una fuente rica de buena retroalimentación porque tienes a varias mentes observándote y reaccionando. Como una segunda familia la que sigue a la familia biológica, el grupo puede proveer lo que primera no te entregó y ayudar a reparar el daño que esta puede haberte causado.

Tu equipo personal

Ahora a lo específico. Si tienes un *aprieta botones*, estás en un conflicto, probablemente en muchos. Necesitas determinados tipos de cosas de las personas que integrarán tu propio equipo para ayudarte a enfrentar esta situación. Aquí están algunos de los componentes que debes buscar.

Normalización

Normalización es la habilidad de proporcionarte un sentido de que no eres aberrante, diferente o malo por estar con un *aprieta botones*. Puede que estés contribuyendo a su problema de alguna manera, pero no eres la causa de que se comporte como lo hace. También necesitas tener a otros que comprendan que tu vida es difícil, y que es así como están las cosas.

A veces, amigos bien intencionados, o aun tu propia conciencia, te dirán que la vida no debería ser así, y que estás exagerando y distorsionando las cosas. La realidad es que debería ser así, en el sentido de que existen buenas razones para ello. Por ejemplo, si vives cerca de una persona controladora, deberías sentir resentimiento hacia tu controlador. Y si existen razones por tu baile con el *aprieta botones*, entonces también las hay para sacarte de la locura.

Sabiduría

Definida como la capacidad de vivir hábilmente, la sabiduría provee la senda que necesitas. Las personas con sabiduría pueden dirigir, guiar, corregir y proveer discernimiento acerca de tu situación.

Algunos tienen la sabiduría de la escuela de la experiencia porque han tratado con personas difíciles en sus propias vidas. No tienen fantasías acerca de lo que estás pasando, sin embargo, han aprendido en el tiempo algunas lecciones muy valiosas. Pueden entregarte una comprensión más profunda de tu relación: también te pueden advertir de algunos escollos que evitar.

La sabiduría de otras personas procede del entrenamiento formal o la experiencia: o sea, han estudiado a *aprieta botones* y saben lo que los hace funcionar y qué les ayuda a cambiar. Han visto una amplia gama de tipos de personas difíciles que no aceptan su problemática, y están bien versados para enfrentar las cosas. Buenos mentores, pastores, consejeros y terapeutas pueden ser de gran ayuda aquí.

En los últimos años he visto más y más cursos de educación para psicólogos y terapeutas enfocados en cómo manejar a personas difíciles y resistentes, tanto a nivel clínico como de ayuda a miembros de una familia para tratar con la persona. Hoy existe abundante información de ayuda, bien fundamentada y de fácil acceso.

Experiencias

Las personas sensatas que están en tu equipo pueden servir de escenario para la experiencia que necesitas. Por ejemplo, pueden cumplir roles contigo de lo que necesitas decir o hacer con tu *aprieta botones*. Pueden criticar y sugerir mejores formas de hacerlo. Desarrollar roles te ayuda cumplir el ensayo sin tener que vivirlo realmente para que estés mejor preparado. Esto es muy valioso.

Dicté una conferencia recientemente sobre relaciones. En un punto, inicié un ejercicio de actuación de roles y pedí un voluntario que hiciera las veces de un tipo particular de *aprieta botones*: un tipo defensivo, bueno para culpar otros, que no quería asumir la responsabilidad por lo mucho que dañaba a su familia. Yo tomé el rol de cómo manejar la situación. La voluntaria aparentemente había tenido alguna experiencia con este tipo de persona. Se lanzó con todo. Aquí hay una muestra:

Yo: «Laura, ¿puedo hablar contigo acerca de algo?»

Laura: «¿Qué es?»

Yo: «Bueno, quiero conversar contigo sobre lo difícil que es ponernos de acuerdo sobre la forma como te enojas con nosotros, en la familia, como si fuera nuestra culpa».

Laura: «Ya empezaste otra vez. Siempre es la Laura, ¿verdad? ¿Y qué de la vez que te enojaste conmigo y heriste mis sentimientos?»

Yo: «Si hice eso, lo siento, no quiero herirte. Quizás podamos hablar de eso en otra ocasión. Pero para volver al punto, quiero ofrecer alguna solución para que puedas escucharnos cuando tenemos un problema con tu ira, y hacer algunos cambios».

Laura: «¡Están todos en contra de mí! ¡Olvídalo!»

Yo: «No quiero que sientas que estamos en contra tuya. Creo que realmente todos estamos por ti. Pero este es un problema y no se resolverá si te alejas. ¿No puedes quedarte y tratar de analizarlo?»

Laura: «Solo si comprendes lo que me haces a mí».

Yo: «Me alegrará hacerlo, ¿pero estás de acuerdo que después que yo comprenda, escucharás nuestro punto de vista?»

Laura: «Bueno, quizás».

Laura tomó su asiento entre los aplausos de la audiencia. Lo hizo muy bien. Luego le pregunté a los presentes sobre sus reacciones. Uno dijo: *Nunca supe que estaba bien seguir insistiendo.* Otro dijo: *Pensé que ser amoroso significaba dejar que ella controlara la conversación.* Otros dijeron cosas como: *No sabía cómo reunir la gracia con la verdad. Siempre me enojo o me doy por vencido, y creo que la próxima vez no me voy a alterar tanto.* Desempeñar roles te hace atravesar la resistencia y te da confianza y experiencia.

Realidad y perspectiva

La mayoría de las personas que se preocupan por un *aprieta botones* se sienten bastante inseguras y desorientadas acerca de sus propias opiniones, pensamientos y experiencias. Es normal para ellos estar tan distraídos y manipulados por lo defensivo de la otra persona, que dudan de su propia perspectiva e incluso adoptan la «realidad» del otro. Las personas seguras y cuerdas pueden hacer mucho para reorientarle acerca de lo que es verdad, actual y real.

Muchas veces les recomiendas a personas que se relacionan o conviven con una persona difícil, que hagan una «relación sándwich». Esto es, que cuando van a sostener una conversación confrontacional con el *aprieta botones* (entraremos en más detalles sobre esto cuando veamos el Recurso # 5 en el capítulo nueve), ellos se encuentran con su grupo de apoyo y reciben oración, ánimo, consejos y amor. Entran llenos de experiencias internalizadas y sugerencias de las personas que están en su equipo. Entonces, después de la conversación crítica, se reúnen otra vez, a veces solo unas pocas horas más tarde. Aquí, procesan lo que ocurrió, especialmente si su realidad fue golpeada o si piensan que estaban totalmente equivocados acerca de algo. La conversación difícil es a menudo una experiencia regresiva y hace que la persona pierda su camino. El grupo se presenta y provee la seguridad y la realidad: *Dijiste lo correcto... Te lo diría si pensara que ella tiene razón en lo que dijo de ti, pero escuché tu historia, y pienso que ella te culpó por todo...Estoy orgulloso de ti... Sigue adelante.*

Quienes son seguros y cuerdos reedifican el tambaleante sentido de la verdad y no la verdad de la persona. Es fácil caer preso del mundo del *aprieta botones* y no poder desembrollarse. Otras personas son como una cuerda salvavidas que te saca de los desquicios y te devuelve a la cordura.

Ayúdate a mantener la línea

Puede haber momentos cuando es necesario usar límites y conse-cuencias con tu *aprieta botones*, además de tus palabras. Estaremos tratando con establecer y mantener límites en el capítulo nueve. Las personas cuerdas y sanas sirven como protectores y guardianes de tus propios límites. Cuando se te terminan las fuerzas, o te estás derrumbando, o sintiéndote culpable, o en peligro de no seguir adelante con una consecuencia necesaria, estas personas pueden sostenerte y fortalecerte para mantener las líneas duras que están diseñadas para efectuar cambios en tu *aprieta botones*. Este proceso es un hermoso ejemplo de cómo el cuerpo de Cristo debe apoyar al miembro débil: «Sobrellevad los unos las cargas de los otros, y cumplid así la ley de Cristo» (Gálatas 6.2).

Una vez vi esto en acción con una mujer cuyo esposo estaba cometiendo adulterio y se había ido de la casa. Esto la trastornó, pero rápidamente se conectó con un grupo de crecimiento que yo dirigía. Trabajamos con ella para estabilizar las cosas y ordenar sus valores y planes.

Su esposo estaba atrapado en la figura clásica entre la niña fantasía que deseaba y la mujer estable que amaba. Por esta razón, cuando tenía un desacuerdo con su amiga, echaba de menos la calidez de su esposa y las relaciones íntimas. Ella cedió unas pocas veces, pensando que esto los acercaría. Pero luego descubrió que con su actitud solo le facilitaba a él no comprometerse con nadie fuera de sí mismo, por lo que comenzó a decirle que no en su trabajo de grupo.

Un día nos contó que la había llamado su esposo y que planeaba venir a verla. Ella lo echaba de menos terriblemente, aun después de lo que le había hecho, quería verlo. Sabía que seguramente tendría sexo con él.

El grupo fue tremendo. La escucharon y le hablaron acerca de lo que quería lograr, y lo que significaría para ella y sus planes si cedía ante él. Pude verla cobrar fuerzas a medida que le hablaban. Finalmente, les dijo que iba a cancelar la visita. Fue a casa y lo hizo, y volvió al grupo con una victoria. Fue la primera de muchas batallas duras para ella. Con el tiempo su esposo cortó esta relación y obtuvo ayuda hasta que al fin volvió. Ella nunca se arrepintió de haber hecho lo sano para ella y los niños. El grupo le dio la fuerza para mantener una línea que no era capaz de hacer por sí sola.

Tratos directos con el aprieta botones

Hay veces en que otros pueden ayudar involucrándose directamente con el *aprieta botones*, en vez de servir solo de apoyo. Esto se requiere cuando la situación es extrema o urgente, o simplemente cuando la persona está en un estado tan debilitado o frágil que no puede encarar sola a la persona difícil. Y por lo general, entre más el *aprieta botones* respeta o se identifica con las otras personas, más poderosos son los efectos.

Reunirse y hablar. Cuando el individuo está demasiado débil para manejar solo al *aprieta personas*, otros pueden reunirse con él y hablarle. A lo mejor llamarlo por teléfono, salir a tomar un café o visitarlo. Esto tiene el efecto de usar a otros para obligarlo a reconocer que existe un problema. Cuando el *aprieta botones* solo escucha a una persona diciéndole sobre el problema, es más fácil que él concluya que esa sola persona está equivocada, y puede ignorarla o sobrepasarla. Pero cuando más individuos lo enfrentan con la misma perspectiva, especialmente aquellos que le importan, es más difícil que no escuche y preste atención. Es por esto que amigos, pastores y gente importante para él pueden ser de gran valor.

También, y esto puede sonar un poco simplista, a otros podrían ocurrírseles cosas que decirle a tu *aprieta botones* que no se te habían ocurrido a ti. Sus variadas experiencias y perspectivas pueden aportar aspectos novedosos; algo así como un impacto de luces en la carretera de tu persona difícil.

Intervenciones. En situaciones urgentes o peligrosas, a veces una intervención es necesaria. Una intervención es una reunión intensa con una persona que está en negación y fuera de control en algún área, tal como el abuso de sustancias. La gente que es importante para esa persona, tales como su familia, amigos, compañeros de trabajo y vecinos, se reúnen a su alrededor y lo confrontan amorosa pero muy directamente acerca de lo que se está haciendo a sí mismo y a otros, y lo instan a buscar ayuda. Las intervenciones corresponden a las enseñanzas bíblicas de traer a otros para hablarle a una persona no arrepentida (Mateo 18.15-17). Hay especialistas en el país que están entrenados formalmente para dirigir intervenciones en varios problemas, y estos procesos pueden ser muy efectivos en romper las resistencias de un *aprieta botones* serio.

He estado involucrado en intervenciones, y pueden ser tiempos increíbles aunque dolorosos. Cuando ves el mejor amigo de una persona de rodillas ante él en su salón, llorando, y rogándole que considere lo que se está haciendo a sí mismo y a su familia, comprendes el poder del amor de Dios que se distribuye por medio de personas seguras y cuerdas.

Neutralízalo. Lograr que otra persona hable con su *aprieta botones* también cumple una función neutralizante. Esto es, si la persona difícil te ve como el problema, tiende a no escuchar ni respetar lo que le dices. Puede descartar o desconfiar de tus palabras. Pero una tercera persona no acarrea el bagaje de la historia disfuncional entre ustedes dos. Está en terreno más neutral. Esto significa que es probable que responda al mismo mensaje que tú has estado diciendo, pero de otra fuente.

Estuve atendiendo a un profesional y a su jefe una vez. Ellos tenían un problema sobre cómo se estructuraba la autoridad de su relación. El hombre pensaba que su jefe era controlador, y el jefe creía que su subalterno no tenía sentido de autoridad.

Después de escuchar, tomé la parte del jefe y le dije al otro: «Pienso que él tiene la razón. No te ha pedido nada que no esté dentro del campo del empleo. Me suena como que te estás resistiendo a tener un jefe».

El hombre lo pensó y dijo: «Sabes, eso tiene sentido».

El jefe se enojó. Dijo: «¡Eso es exactamente lo que he estado diciendo! ¿Cómo es que lo puedes escuchar de él?»

«No lo sé», dijo el hombre. «Él solo lo dice de mejor manera».

Sospeché que no lo decía de mejor manera. Simplemente, al no ser el jefe, era percibido como neutral.

Presión sobre el tiempo. Es poco probable que tu *aprieta botones* haga un cambio de 180 grados de inmediato después de una confrontación, pero puede ocurrir. Generalmente está involucrado un elemento de tiempo, el cual trataremos más en el capítulo once. Tus relaciones seguras pueden proporcionar un servicio muy valioso al mantener su presencia en la vida de tu *aprieta botones*. En una forma amable, ellas mantienen el calor y la presión, para que la persona sepa que no se van a ir. Él no podrá esperar que se vayan. En un sentido, deben estar comprometidos a esperarlo a él. Siguen llamando, encontrándose y visitándolo. Siguen procesando el problema con él e invitándole a responder y cambiar. Le ofrecen su ayuda y apoyo.

Esto no es ser malos. Al contrario, es entregarle fuerza, apoyo y a veces protección a la persona que trata con él, y, para el *aprieta botones*, el convencimiento de que debe tratar con más de una persona. Existe gran poder en esto. Si el que aprieta tiende a ser controlador, por ejemplo, es probable que se controle si las luces de las relaciones lo rodean por mucho tiempo. Este tipo de presión puede ayudar a derretir la resistencia y el disimulo, y aumentar las posibilidades de que comience a responder. Los patrones de carácter empeoran en la oscuridad y mejoran en la luz.

¿CÓMO Y DÓNDE ME CONECTO?

Algo importante a considerar es con quienes rodearte como tu red de apoyo. Existen diferentes niveles y tipos que observar.

«Relaciones Starbucks». Al nivel más informal, existen las conexiones casuales, o lo que llamo «relaciones Starbucks». Esto es, aquellas personas con las cuales te reúnes cuando puedes para ponerse al día entre sí. Pueden ayudar mucho y proveer apoyo y ánimo. Por lo general se retiran de un encuentro informal con valor para enfrentar el día siguiente.

Apoyo estructurado. Sin embargo, te darás cuenta con el tiempo que esto no es suficiente, y la severidad de tu situación con tu *aprieta botones* te dirá si necesitas más. Generalmente les recomiendo a las personas dar el próximo paso, y ese es buscar algún tipo de apoyo estructurado. Esto se refiere a una reunión de grupos pequeños que se juntan con regularidad con el propósito de crecer espiritual o emocionalmente. La estructura provee estabilidad y confianza de contacto, y eso es muy importante, especialmente si tu *aprieta botones* crea caos en tu vida. Grupos de crecimiento en casa, estudios bíblicos y grupos pequeños son también buenos recursos.

Dirigidos por un terapeuta. Luego existe un contexto más focalizado, que es un grupo que trata específicamente con tu tipo de relación difícil. Esto puede involucrar a personas que están sufriendo la misma experiencia, un grupo dirigido por un facilitador o un terapeuta. Aquí se dedica más tiempo y energía intensa sobre ti y cómo enfrentar al *aprieta botones*.

Uno a uno. La ayuda individual puede ser muy beneficiosa también, desde pastores que tienen experiencia en este terreno a terapeutas que están entrenados para tratar profesionalmente con el problema. A este nivel, el centro de tu tiempo puede estar dedicado a tu situación y a las formas de resolverlo.

A menudo, en el programa de radio en que participo, llama alguien desesperado con un *aprieta botones*. Si creo que la situación lo amerita, le sugiero un terapeuta de parejas.

Muchas veces la persona que llama dice: «Pero él no irá; se lo he pedido y no quiere». Yo le digo: «Bueno, creo que tu situación es lo suficientemente seria como para requerir un terapeuta. Presiónalo para que vaya».

Si ella dice: «Lo he hecho, y simplemente no va», puede que le responda, «Entonces dile que quieres que asista a consejería contigo. Si no va, irás sola. Y tú y el terapeuta conversarán acerca de la forma de tratar con él. ¿No le gustaría a él participar de esa conversación?»

Sea como sea, usa la pericia, la sabiduría y la guía de un experto.

CONÉCTATE

De manera que no sigas solo. Es el orgullo o el miedo que está hablando y eso no te hace bien. Muévete ahora. Existe mucha vida en las relaciones, y Dios te diseñó para que funcionaras de esa forma. Las personas adecuadas te ayudarán a dar nueva vida a la que tienes dentro de ti, que pensaste que se había borrado en la lucha con tu persona difícil. Supongo que hay cierta complejidad en tener a demasiadas personas involucradas, ya que las cosas pueden acrecentarse o degenerar en chismes y peleas sin tregua. Pero en términos generales, entre más personas buenas te acompañen con el *aprieta botones*, más luz brillará en la situación. Arriésgate, toma el teléfono, llama a un amigo o a una iglesia, y entra en relación, tu tercer recurso.

RECURSO # 4: TU POSICIÓN

SCOTT ME ESTABA HABLANDO DE KIM, su hija de veintidós años. Pensé que tenía buenas razones para creer que ella era su propia *aprieta botones*. Bebía y consumía drogas, entraba y salía constantemente de empleos, volviendo y saliendo del hogar entre uno y otro departamento. Scott ya no sabía qué hacer con Kim. Nada funcionaba y ella le estaba destrozando la vida a la familia tanto como la suya.

Yo los conocía bastante bien y los había visto interactuar a lo largo de los años. Por esta razón cuando comenzamos a buscar ideas sobre cómo ayudarla, le dije:

—Suena como si ella fuera muy problemática, Scott, pero tú estás contribuyendo en gran medida al caos de Kim.

—¿Contribuyendo? ¿Cómo?

—Bueno, permíteme decirte lo que te veo hacer con frecuencia y dime si estoy equivocado —le dije—: Cuando Kim está en problemas, le tienes lástima y le das dinero y una pieza. Cuando te hace enojar, se lo quitas todo y amenazas con repudiarla. Has entrado a su departamento y lo has registrado a solas. En otras ocasiones, no le has hablado por meses. Luego pagaste su fianza para sacarla de la cárcel. Si fuera una persona inestable e inmadura como Kim, probablemente sería aun peor con la interacción de ustedes.

Scott pensó un momento y dijo:

—Bueno, a lo mejor no tengo un buen plan de juego.

—Probablemente es así— le dije—, pero no creo que sea ese el verdadero problema. Tú aún no estás listo para un plan. Creo que no has calculado tu posición y actitud básica hacia Kim como persona. Estás en todas partes respondiendo a sus demandas. Eres generoso, luego te retiras, sientes lástima, eres controlador y luego la estás rescatando. Así que antes que hablemos respecto de cualquier tipo de plan, necesitas adoptar algunas decisiones básicas para tratar con Kim que no cambien, y entonces podremos comenzar a planificar.

Scott y yo repasamos los principios enumerados en este capítulo, y nos pusimos a trabajar.

PUNTOS DE VISTA

¿Qué es una «posición»? Simplemente, es un punto de vista hacia algo o alguien. Es una actitud amplia y guiadora que ayuda a orientar tus decisiones, elecciones y aun emociones hacia una persona. Por ejemplo, cuando quieres a tu *aprieta botones*, sin importar cuán frustrado estés con él, estás asumiendo una posición de gracia. Una de las conductas de Dios hacia nosotros es la de un amor estable, seguro e inmutable: «Para siempre será edificada misericordia; en los cielos mismos afirmarás tu verdad» (Salmo 89.2). Especialmente en una relación opresora, cuando la persona es variable, taciturna, impulsiva o impredecible, necesitas alguna posición básica para orientar tu enfoque y tratarla. Tu posición proporciona una buena medida de orden a la situación y maximiza la posibilidad de que la persona responda a tus palabras y acciones.

«POR» TI Y POR NOSOTROS

La primera posición a tomar es estar «a favor» de ella y de la relación; eso es, que quieres lo mejor para ambos. Nada podría parecer menos lógico que esto, pero es la mejor posición a tomar. Puedes estar correcta y legítimamente muy en contra de sus acciones, actitudes y palabras. Sin embargo, para que tengas la mejor oportunidad de ver cambios y crecimiento, debes ser la principal «fanática» de su persona difícil. Es el mismo tipo de posición de la cual hablamos en el capítulo cinco, acerca de cómo Dios está a favor nuestro. Es la actitud de gracia y su esencia dice que así como Dios nos favorece a nosotros, debemos favorecer a otros.

¿Por qué es tan importante esta posición? Simplemente porque vas a estar pidiendo, requiriendo y estableciendo pautas para influir en el cambio de tu *aprieta botones*. El cambio y el crecimiento nunca son fáciles, aun para personas que lo abrazan como algo bueno. Si te consideras una persona que está en crecimiento, piensa en la última actitud o comportamiento que has estado tratando de cambiar. Hasta para una persona en crecimiento es trabajo arduo. Luego, en contraste, piensa con empatía cuán difícil será el cambio para tu *aprieta botones*. Él ha evitado ese camino por muchos años, por distintas razones. Ha demostrado poca responsabilidad con su vida y los problemas que causa. Sus cambios han sido mínimos o negativos, por lo que le será muy difícil comenzar a hacer los cambios necesarios en valores y actitudes.

Como un carro que ha estado por años en la bodega, hay que luchar con mucha inercia cuando recién se enciende el motor. Hay ruidos extraños, chirridos y raspaduras al momento de comenzar lentamente a vencer la inercia. Necesitas proveer lubricación, calor, tiempo y paciencia para que el carro vuelva a correr.

Nadie puede ejecutar exitosamente un real cambio sin la gracia y el apoyo de otros en el camino. Es demasiado difícil. Le estás pidiendo al *aprieta botones* que se arrepienta, que vea las cosas desde tu punto de vista, que escuche tu opinión, que esté abierto a recibir ayuda y un montón de otras cosas. Necesitará los suavizantes, la calidez, el tiempo y la paciencia que traen la gracia y el amor.

La esencia de la gracia es que alguien aboga por lo mejor para ti como aporte a que tú crezcas y tengas una buena vida. De eso se trata la gracia: es una posición hacia la persona que dice, en palabra y obra: *Yo quiero lo mejor para ti, y quiero que lo nuestro funcione bien.*

¿Estar de acuerdo? ¡No necesariamente!

Muchas veces, la persona que está en una relación con un individuo difícil no ve el valor de estar de su parte. Ha probado a animarla, a darle ejemplos, a ser positivo y viendo las cosas muchas veces desde su punto de vista, sin efecto alguno. Por lo que concluye simplemente: *Se pone más egoísta y más incontrolable cuando soy bueno con ella. O, Piensa que yo estoy de acuerdo con que sea destructivo.*

Un malentendido común derivado del acto de tener amor y gracia por alguien, es la creencia de que la gracia quiere decir *estar de acuerdo.* Eso es: Si estoy de tu parte, entonces estoy de acuerdo en que está bien lo que haces.

Nada podría estar más lejos de la verdad. La gracia tiene que ver con querer cosas buenas para alguien; el estar de acuerdo es un valor, una perspectiva y una opinión al respecto. La gracia es como el océano que nos rodea y nos apoya constantemente. Estar de acuerdo es un específico y finito bote en ese océano. Si no estás de acuerdo, cambias los botes a otra posición, pero permaneces en el océano.

Aquí va un consejo. *Ten cuidado de no permitir tampoco que tu aprieta botones asuma que la gracia y el amor equivalen a estar de acuerdo.* A menudo, *la persona difícil ha vivido de tal forma que cuando alguien dice: Comprendo o empatizo,* lo interpreta como: *Pienso que tienes razón en esto.* Clarifica, clarifica, clarifica. *Denis, quiero que te quede muy claro. Te apoyo, acepto y amo totalmente, estoy a favor tuyo y de nuestra relación. Pero al mismo tiempo, tu mal carácter con la familia es un problema real y voy a seguir trabajando para que cambie.*

El rescate no ayuda

La gracia no solo *no* consiste en estar de acuerdo, sino que tampoco proporciona el rescate. Este significa librar a alguien de tener que experimentar las consecuencias reales de su comportamiento. Puede significar proteger a la persona irresponsable de que otros se enojen con ella. O excusar a la que es crónicamente de mal genio de modo que no tengas que tomar acción alguna. O culparte por la adicción de tu esposo a la pornografía en Internet.

Como vimos en el capítulo tres, cuando rescatamos, colocamos el peso del problema del *aprieta botones* sobre nuestros hombros, y no en los del que debiera cargarlo. Estar «a favor de» nunca significa separar a alguien de la realidad. Al contrario, quiere decir darle a él el amor y el apoyo que requiere para soportar y tratar con la realidad. Esto provee el sustento, el valor, la presencia emocional y el amor necesarios para que la persona enfrente lo que solo ella puede hacer.

Nunca confundas la gracia con el rescate porque corres el riesgo de llegar al libertinaje. Este está presente cuando se otorga la gracia, pero se aprovecha de ella porque la persona no tiene sentido alguno de la responsabilidad de usar la gracia para crecer y sanar: «¿Qué, pues, diremos? ¿Perseveraremos en el pecado para que la graci[a] abunde? En ninguna manera. Porque los que hemos muerto a[l] pecado, ¿cómo viviremos aún en él?» (Romanos 6.1-2).

La posición que se debe tomar es: *Siempre estoy de tu parte. Pero y[a] no voy a pedir perdón o dar excusas por tu comportamiento, ni voy a facilita[r] las cosas para que sigas como estás.*

Pero ya no me queda gracia

La gracia no forma parte automática de nosotros. Una person[a] difícil puede agotar nuestros buenos sentimientos y actitudes. Añ[os] y años de muchas experiencias negativas a menudo disipan el am[or] que una vez sentiste por esa persona. Los pensamientos resultant[es] son algo así como: *Estoy hecho pedazos aquí dentro por su caus[a]. Que otro se preocupe, yo ya no puedo generar sentimient[os] positivos hacia ella.*

Esto es comprensible y es bueno reconocerlo. No estás sien[do] una mala persona cuando ya no puedes sentir fluir el amor que u[na] vez tuviste. Es más una condición de estar vacío que un estado [de] maldad o egoísmo. Y existe una respuesta: *Lo que tú no tienes*, deb[es] *buscarlo afuera*. Esto es, acude a otras fuentes de gracia para q[ue] vuelvas a ser un dispensador de gracia para con tu *aprieta botones*.

Es absolutamente asombroso para mí ver cómo funciona est[o]. Hace poco vi a un hombre con un padre muy difícil simplemen[te] lavarse las manos respecto de este. No era porque no le importa[ra] pero el trauma y la irracionalidad habían destruido su gracia. S[in] embargo luego, cuando este hombre se conectó con otros y recib[ió] apoyo, sintió rebrotar dentro de él el amor por su padre. No tu[vo] que falsificar ni aparentar. Realmente fue capaz de dar, como [le] había sido dado. Y su papá llegó a ser significativamente más cáli[do] y amable. No creo que esto hubiera pasado si esta persona [no] buscara, pidiera y recibiera gracia y amor para sí mismo.

No es justo

Todos tendemos a tratar con esta actitud en algún momento. No parece justo apoyar, en cualquier nivel, al *aprieta botones*. Hemos hecho tanto, y él ha respondido tan poco. No lo merece, no lo aprecia y no hace nada para merecerlo. *Y esa es la esencia y naturaleza de la gracia, que Dios está «por» nosotros cuando menos lo merecemos.* Él bajó hasta nosotros cuando nos alejábamos de Él. No esperó que cambiáramos y nos arrepintiéramos. Sabía que necesitábamos una infusión de gracia para darnos el poder y la libertad para comenzar a cambiar. Despréndete de tu demanda por justicia y toma el lado del crecimiento. Cuando te despides de toda esa exigencia, terminas recibiendo mucho, mucho más.

Tu propia necesidad de gracia

Finalmente, recuerda que necesitas gracia para algo mucho más importante que tener la fuerza para amar a tu *aprieta botones*: la necesitas porque eres incompleto y también necesitado. Esa es la entera condición humana, en grados variables. Tiene sentido real, porque necesitamos constantemente mirarnos dentro para ver todo lo que tenemos. Cuando eres verdaderamente honrado acerca de quien eres, ves más claramente cuán importante es para ti que Dios esté por ti, y en que aprieto estaríamos todos si no fuera así. Aquellos que aprecian que Él esté de su parte, pueden dar más libremente de esa gracia a otros.

TU CRECIMIENTO SERVIRÁ A TU *APRIETA BOTONES*

Relacionado con la posición de estar «por», pero un tanto diferente, es la posición que tu propio camino de crecimiento debiera beneficiar a la vida de tu persona difícil. Las cosas que estás aprendiendo, y los cambios que estás haciendo, como lo discutimos en el capítulo seis, deberían ayudar a tu *aprieta botones*. Recuerda que el cambio y el crecimiento están amarrados al diseño arquitectónico de Dios de un mundo que funciona por medios de las relaciones. Estos principios trabajan todos juntos y no están en conflicto entre sí, por lo que tú llegas a ser maduro y más sano en un proceso que la Biblia llama santificación (ver, por ejemplo, Romanos 6.19), y así tu vida debe promover lo bueno también en tus *oprimidos*. La vida trae vida, el amor produce amor, la responsabilidad libera a otros para que sean responsables.

¡A medida que tratas con tus propios temores, quebrantamiento, inmadurez, pecados o lo que sea, deberías llegar a ser la persona más animada, divertida, humilde, honrada, responsable y simpática que tu *aprieta botones* haya visto jamás! Debería estar diciéndose a sí mismo: *¡Uao!, me alegro que asista a esa iglesia y a esos grupos y que lea esos libros.* Es muy bueno.

A medida que él recibe los beneficios de tu crecimiento, esto lo puede ayudar a ser más sensible a ti como persona y ver el proceso como algo que le ayuda a él también.

A menudo veo la situación contraria y es bastante horrible de observar. Se presenta como algo así: la persona comienza a crecer, impulsada por cuán difícil ha sido el *aprieta botones*. Obtiene algo de alivio, estabilización y ayuda. Su vida espiritual mejora y siente esperanza porque está tratando con problemas de ella misma que necesitaban ser atendidos.

Entonces ocurre. Entra en el mundo de *la superioridad en desarrollo*, una enfermedad sutil que afecta a mucha gente. Comienza a sentirse algo superior a su *aprieta botones*. Sus ojos han sido abiertos a la vida, mientras él sigue enceguecido. Está en el camino a la vida y el crecimiento, mientras que él está perdido. Ella se siente más cerca de Dios mientras él se aleja. La parte má enfermiza de esto es que siente que ya no puede relacionarse con su *aprieta botones*, porque ha avanzado demasiado y ahora son muy diferentes.

El crecimiento no se trata de eso, ni es lo que enseña el Nuevo Testamento. La persona que está mirando sus problemas y cambiando, está ciertamente agradecida por el proceso, pero también muy consciente de cuánto camino le queda por delante. Es humilde acerca del lugar que ocupa, y está más preocupada por el estado de su alma que de cuán perdido está el *aprieta botones*. La oración del publicano arrepentido debería ser su modo de pensar: «Dios, sé propicio a mí, pecador» (Lucas 18.13).

¡Más que nada, el que está en crecimiento debería ser más capaz, no menos, de relacionarse y comprender la experiencia del *aprieta botones* aun a niveles más profundos! Si estás creciendo, tu corazón y capacidad de empatía también lo están. Deberías poder entrar en su mundo, aunque no concuerdes con él ni lo comprendas, aunque no vivas en él. Ese es el fruto que produce el crecimiento.

Descubre cuáles son las necesidades legítimas que tiene tu *aprieta botones*, lo que le gusta hacer, lo que lo hace sentirse amado, y cómo puedes ayudarle a alcanzar sus propias metas. Por cierto, no te hagas cómplice de actividades inmorales u obscuras pero, en lo posible, acércate a su vida. No uses tus beneficios en formas que lo saquen de sus responsabilidades, pero sería bueno que él estuviera pensando: *Ella es diferente a mí, pero no me juzga ni me regaña, y está interesada en mí.* Y no: *Soy solo un proyecto para ella y piensa que ya lo tiene.* Puede llegar el momento, como discutiremos en el capítulo diez, cuando tendrás que remover algunas de las ventajas de estar contigo, pero hasta que llegue ese momento, utiliza tu crecimiento para servirlo.

En la realidad, la persona que tiene esa superioridad por último negará cualquier influencia que podría tener sobre su *aprieta botones*. Te arriesgas siendo parte del desarme de los cambios que has querido ver. La persona complicada será más sensible a esta actitud ¿y quién se acercará con cariño a alguien que piensa que es inferior a él? Siempre me preocupa en el programa radial cuando el esposo de una esposa «espiritual» llama y dice: «Pienso que soy la peor persona del mundo cuando estoy con ella». Si tiendes a esta actitud, lee Juan 13.1-11 ¡y toma un curso de lavado de pies! Tu crecimiento debería ser de bendición para la persona difícil.

PRESERVA LA LIBERTAD

Es irónico que, aunque tu persona difícil probablemente usa su libertad para causarte problemas en la vida, tú debas adoptar una posición para preservar y proteger su libertad de hacer malas elecciones. Necesita ser liberado de ser negativo, egoísta, retraído, irresponsable o controlador para que haya alguna esperanza de que tenga un auténtico cambio de actitud.

Si obligaras a tu *aprieta botones* a tratarte diferente, nunca haría un movimiento hacia ti desde su corazón. Los esclavos no obedecen con el corazón; cumplen desde fuera porque no tienen poder.

Esto se parece mucho a las controversias constitucionales estadounidenses por la libertad de expresión. Uno de los principios fundamentales de los Estados Unidos es que las personas deben ser críticas de esta libertad. Es la única forma de asegurar las libertades que subyacen en nuestra estructura. Aunque por cierto algunas personas abusan de ella, sigue siendo una libertad importante y debe ser defendida.

Esto no significa que tu apoyo a la libertad de tu *aprieta botones* permita que él te hiera. Asume la responsabilidad de protegerte y cuidar de ti mismo si él es peligroso. Sin embargo, no trates de hacerlo o manipularlo para que haga las cosas de forma diferente.

Piénsalo por un segundo: si pudieras obligarlo a ser bueno contigo, eso probablemente de primeras parecería un progreso.

Pero ¿cómo te sentirías si supieras que el único motivo por el cual fue amable fue porque estaba siendo forzado? Esa sería una experiencia vacía. Es mucho mejor abogar por el verdadero cambio de actitud.

Uno de mis hijos recientemente tuvo un quiebre titánico con uno de sus mejores amigos. Como suele ocurrir con los niños, reventó; otros niños intervinieron y dejaron de hablarse por un tiempo. Barbi y yo teníamos pena porque amamos al amigo de nuestro hijo como si fuera propio, y no sabíamos cuán definitivo podía ser el rompimiento.

Pensamos en la posibilidad de obligarlos a hacer las paces y volver a ser amigos, pero no quisieron, y yo acepté eso (por lo menos hasta un punto). Dije: «Démosles su espacio propio y veamos si el sentimiento de echarse de menos es mayor que el enojo». Calculé que existía afecto entre ellos, y que si eran libres para estar separados, el echarse de menos prevalecería. Eso fue más o menos lo que ocurrió. En su propio tiempo, no el nuestro de adultos, se dieron cuenta cuánto extrañaban la amistad y eso les obligó a conversar y a solucionar los problemas.

De alguna manera, deja que tu *aprieta botones* sepa que Yo *quiero que las cosas cambien entre nosotros, y necesito que tú cambies otras. Pero no te estoy obligando. Tú puedes escoger no hacerlo. No te detendré. Puedo tener una respuesta a eso y podemos discutirlo. También puedo protegerme. Pero quiero que sepas que tienes libertad y no trataré de controlarte. Si tú cambias, quiero que sea porque piensas que es lo mejor.*

Simplemente no puedes perder con esa posición.

DISPUESTO A TRATAR CON CONFLICTOS PARA CRECER

Esta posición tiene que ver con la actitud que afirma que la relación es lo suficientemente importante para ti que estás dispuesto a resistir el conflicto y la falta de armonía, con el fin de tratar de que las cosas mejoren. Es el crisol de fuego, el riesgo de experimentar cosas negativas con el fin de crecer.

Aunque pueda no parecerlo exteriormente, todo en esta posición tiene que ver con el amor. Amor no se trata de mantener la paz, porque a veces debemos luchar por la paz. Tampoco se trata de mantener el *status quo* para que no haya discordia. El amor no se satisface con la quietud de la muerte de dos almas que están conectadas en lo externo, aunque interiormente alienadas. El amor desea y requiere que se haga todo el esfuerzo para que ocurra el cambio, el crecimiento y la intimidad. Si adoptas la posición que está dispuesto a entrar en conflicto por el bien del cambio y el crecimiento, estás dando un gran paso de amor.

Estaba trabajando con Steve y Ann en su matrimonio. Steve era un tipo amenazante que controlaba a Ana y a los chicos explotando y enojándose cuando no se salía con la suya. Ella era una persona pacificadora, que trataba de caminar sobre cáscaras de huevo alrededor de él para que no se enfadara. Solía calmarlo cuando sufría sus arrebatos haciendo todo lo que él quería. Pero la próxima vez que le parecía algo mal, se volvía a enfadar.

Le dije a Ann:

—Vas a tener que aprender a entrar en conflicto con Steve.

—Pero —dijo— eso es tan difícil y no quiero que se enoje aún más.

—Déjame mostrarte lo bien que está funcionando tu sistema —dije.

Le mostré un pasaje en el libro de Proverbios, capítulo 19 versículo 19: «El de grande ira llevará la pena; y si usa de violencia añadirá nuevos males».

—Estás tomando la responsabilidad del mal genio de Steve, esto se está agravando, no mejorando, con el tiempo. Algo tiene que cambiar. Quiero que asumas una posición ante Steve, ante ti y ante el matrimonio, y creo que esta debería ser que estás dispuesta a confrontarlo.

A Ann no le gustó la idea pero estuvo de acuerdo. Trabajó mucho para adoptar esta posición. Trató con sus temores sobre la ira de las personas. Recibió apoyo. Actuó el rol de resolución del conflicto. Y comenzó a confrontar a Steve, primero en mi oficina y después en casa sola con él.

En mi oficina, Steve reaccionó muy mal y la ayudé a tratar con eso. También la acusó de no quererlo, lo que yo rápidamente confronté: «Para inmediatamente, Steve. Ann está haciendo algo muy difícil al aprender a decirte la verdad cuando estás enojado. Ella está tratando de ayudarte y de preservar el matrimonio. Sal de tu arrebato y escucha a tu mujer, o estás en peligro de perderlo todo».

A Steve no le gustó nada esto, pero en su corazón era un buen tipo. A veces, como dijimos en el último capítulo, que una persona más neutral le diga al *aprieta botones* lo que le has estado tratando de decir, le ayuda a recibir el mensaje. Él permaneció en consejería con Ann.

Después, cuando todo se resolvió, Steve le agradeció a Ann haber estado dispuesta a no retroceder. Él dijo: «Probablemente estaría aún tratando de controlar a todos en mi vida si no hubieras hecho eso».

Tu *aprieta botones* puede que no se levante y te llame bienaventurada por tomar esta posición. Pero su percepción no es tan importante como la realidad de que te estás moviendo de la mejor manera cuando lo confrontas por el bien del cambio y el crecimiento.

LAS POSICIONES
DETERMINAN LOS PLANES

Como estaba descubriendo mi amigo Scott, es mejor tener en mente todas estas posiciones antes de planificar lo que vas a decir o hacer con tu *aprieta botones*. Te ayudarán a establecer tus pensamientos en las formas más amables, realistas y efectivas posibles. Esto es especialmente verdad si tu persona difícil tiene la habilidad, y tú la vulnerabilidad, de sacarte del centro y reaccionar en vez de responder. Estas posiciones son como fijar la vista en un blanco en movimiento y esperar el momento oportuno, no para disparar a matar, sino para actuar a fin de ayudar.

RECURSO # 5 : TUS PALABRAS

UN DÍA QUEBRANTÉ UNA DE MIS PROPIAS reglas de consejería y me di cuenta nuevamente por qué existen. Estaba hablando con Nancy, una amiga, acerca de Betty, su mamá *aprieta botones*. Betty lucía complicada. Nancy dijo que era intrusa, dependiente, hablaba demasiado y nunca escuchaba. Llegaba y se adueñaba del ambiente del hogar metiéndose en medio de todo y explayándose sobre interminables historias acerca de sí misma. Estaba a punto de enloquecer a sus hijos adultos, y aun los nietos no querían estar con ella.

Con Nancy sostuvimos varias conversaciones casuales como amigos acerca de Betty. Cuando me conversó de la situación, fue sincera respecto de su enojo y su frustración. Fue clara y directa acerca de todas las cosas que hacía Betty que la irritaban y consternaban: «¡Sigue y sigue hablando trivialidades que a nadie le importan! Trato de que les pregunte a los chicos cómo les va en el colegio y comienza a hablar de sus propios días de estudiante. Me gustaría decirle: "Mamá, por favor deja de centrarlo todo en ti y escucha a otra persona"».

Así, cuando Nancy me pidió que participara en una conversación que ella quería tener con su mamá, acepté. Quería que yo estuviera allí para apoyar y aclarar. Fue un poco extraño ya que no conocía a Betty, y Nancy y yo estábamos en una relación de amistad, no de consejería, pero pensé: *Total, quizás sea de ayuda*, y dije que sí.

La regla que quebranté, sin embargo, fue esta: *Si no has tenido una conversación de confrontación con alguien, primero deben actuar el rol con una persona cuerda.*

Demasiado puede salir mal, especialmente si no estás acostumbrado a confrontar, o si el *aprieta botones* tiende a ser defensivo. Necesitas haber encarado tu temor del escenario y tus dudas, además de las renuncias de la otra persona para alcanzar la meta de pedir el cambio en tu *opresor*. Pero no hubo mucho tiempo antes del encuentro, y Nancy realmente no pensó que necesitaba actuar el rol, así que lo dejé pasar y nos reunimos los tres.

Fue una de las peores conversaciones de confrontación en que haya sido testigo en mi vida.

Pobre Nancy. Me sentí como el juez del programa de televisión *American Idol* viendo actuar a un pésimo cantante. Realmente me sentí mal por ella, porque estaba trabajando duro, pero no salió bien.

Primero, nunca se puso directa con Betty. Nancy rodeó el asunto con afirmaciones y disculpas: «Mamá, sabes que te amo y estoy tan contenta porque pasamos tiempo juntas. Sé que no siempre he estado cuando me necesitas, pero eso va a cambiar».

La afirmación es buena, pero nunca logró el punto que estaba afirmando para preparar a Betty. Simplemente siguió afirmando *ad infinitum*.

Ella no escuchó a Betty. Cuando su mamá trataba de decir algo, Nancy se ponía ansiosa, diciendo: «Sé que es difícil para ti; has sido la mejor mamá en el mundo; has hecho tanto por nosotros tus hijos». Betty nunca tuvo la oportunidad de decir algo, lo que para ella era muy poco común.

Nancy claramente estaba demasiado emocionada como para pensar o hablar con coherencia. Su cara estaba roja de ansiedad, tartamudeaba y hablaba demasiado rápido, por lo que todas las palabras salieron de golpe, sin estructura ni dirección.

Betty se retiró meditabunda. Pienso que estaba contenta de haber conocido un amigo amable de Nancy que, según ella, era todo lo que había ocurrido. Al analizar con Nancy la situación, le dije:

—Bien, ¿qué crees que pasó?

—Me quedé helada. No pude decir lo que quería —dijo.

—Fíjate —dije—, que cuando hablamos antes, tenías muy claro lo que querías decirle.

—Sí... —dijo—, supongo que hablar *de mamá* es diferente a hablar *con mamá*».

No pude haber estado más de acuerdo. Y me disculpé con Nancy por no haber insistido en que actuara el rol de antemano. No he vuelto a cometer ese error.

Tus palabras son importantes
para cambiar las cosas

Espero no haberte desalentado con la historia de Nancy. La intención fue entregar un par de puntos: primero, que probable-mente necesitas sostener una conversación con tu *aprieta botones*; y segundo, que debes hacerlo de la mejor manera posible. Existe una buena forma y desempacaremos los elementos de eso en este capítulo.

Aunque puede por cierto ser un proceso incómodo, tu *aprieta botones* es seguro que necesita escuchar tus palabras para poder cambiar. Esa es simplemente la naturaleza de las relaciones. Una de las grandes tareas de los unos para con los otros, es confrontar, dar retroalimentación, pedir cambio, etc., mientras estamos «hablando la verdad en amor» (Efesios 4.15).

Las palabras tienen sentido y proveen información y dirección. Aun la persona más normal necesita escucharlas de su grupo de apoyo, para que pueda beneficiarse de su perspectiva, punto de vista y verdad.

No cometas el error de creer que tu vida casi perfecta, tu amor y tu ejemplo son suficientes. Tu persona difícil puede interpretar eso como una señal de que estás contento con cómo están las cosas y que no tienes asuntos que tratar.

Existen varios aspectos a sostener en una conversación con tu *aprieta botones* acerca de lo que quieres ver cambiado. Al mirarlos, ve en cuáles ya tienes habilidad y destreza, y cuáles puedan necesitar algo de trabajo.

TONO Y CONTENIDO

Cada conversación tiene dos dimensiones: *tono* y *contenido*. El tono tiene que ver con cómo suena tu voz cuando dices algo, y el contenido es lo que estás diciendo.

Tono

El tono es altamente importante, ya que puedes negar lo que pronuncias según la manera en que suenan las palabras. Tenemos dos perros labradores en nuestra familia. El otro día, los chicos y yo estábamos jugando con ellos en el patio y uno de mis hijos exclamó

«¡Miren esto!» Fue a donde estaban los perros y dijo en una voz amable y amistosa: «Ustedes son perros inútiles; no los queremos tener más, ¿verdad?» Los animales corrían y saltaban alrededor suyo como si los estuviera alabando hasta el cielo. Entonces dijo con una voz áspera y enojada: «Buenos perritos, dulces perritos». Ellos miraron con curiosidad y se apartaron un par de pasos. Luego, inmediatamente los alabamos otra vez y seguimos jugando con ellos para que supieran que todo estaba bien. Este es un ejemplo de lo importante que es el tono de tu voz en una conversación de confrontación.

Tiene sentido. Puedes probablemente asumir que cuando le digas a tu *aprieta botones* que quieres conversar con él, se dará cuenta de que hay un problema. El mismo hecho de pedir una reunión, y creo que debes hacerlo en oposición a hablar en el momento, conlleva importe y seriedad. Es probable que levante la guardia. Es posible que ya tenga idea de que hay algo que no te gusta en él y podría saber de lo que quieres hablar. Por eso el tono con que comienzas y conduces la conversación debe servir al propósito de conllevar la primera posición que discutimos en el capítulo ocho: estar por él y por la relación.

El mejor tono a usar es uno cálido. La calidez comunica seguridad y cariño, y esto tiene mayor probabilidad de evitar que tu *aprieta botones* se ponga aun más en guardia de lo que ya está. Puedes trasmitir calidez aun cuando difieras, y necesitas aprender esa habilidad. Ahora bien, puedes estar enojado con, o temeroso de, y te cuesta sentir mucha calidez hacia él por lo que te ha hecho. Si es así, anda primero a otro lado, y confiesa y procesa esos sentimientos. No los saques a colación, ya que corres el riesgo de agrandar las cosas y no lograr los resultados que deseas.

Recuerda que en una pelea entre chicos debe haber un adulto presente para mantener algo de seguridad y orden. Si no puedes ser el adulto, no dependas de que tu *opresor* lo sea tampoco. Ponte en el rol de adulto, luego pide la conversación.

Habla a partir de la experiencia. Cuando hables con tu *aprieta botones*, hazlo en base a tu experiencia y tu vida. Habla del corazón. Usa declaraciones a partir del «yo» lo más posible. Quédate con lo que sientes, piensas y percibes.

Existe una tendencia a que debemos hablar golpeando, usando el lenguaje de todo o nada, y ex cátedra, como si nuestra realidad fuera la autoridad final. Esto puede levantar obstáculos formidables a la disposición de una persona de escuchar lo que tú quieres que cambie. Lee estas dos declaraciones y observa el contraste:

Estás enojado conmigo todo el tiempo y esto tiene que terminar.

Me parece que a menudo estás enojado conmigo, y para mí es difícil estar cerca de ti.

En la primera declaración existe poca vulnerabilidad. En la segunda, ella le deja ver que quiere estar cerca pero no puede. En la primera declaración, su realidad es un hecho: él es demasiado irascible. En la segunda, así le parece a ella. (Es posible que ella tenga una sensibilidad a la ira y sobrerreacciones al enojo normal.) En la primera aseveración, es todo el tiempo. En la segunda, es a menudo. Aprende a hablar sinceramente y hazlo desde tu experiencia; ayuda a derribar barreras en tu persona difícil.

Contenido

Los siguientes elementos tienen más que ver con el contenido de lo que quieres decir. Están en un orden cronológico general, pero existe espacio para variar. Sé flexible, según como vayan las cosas.

Afirma lo bueno. Probablemente es mejor comenzar la conversación tomando la iniciativa de afirmar, o validar la realidad de lo que es bueno en tu *aprieta botones* y en la relación misma.

Una afirmación puede ser sencillamente un recital de algunas cosas que te gustan, aprecias y las que quisieras ver más en él. Esto es muy importante, ya que muchas personas difíciles no perciben la confrontación como muestra de afecto, de ayuda, o algo «por y para» ellos. Su experiencia con la confrontación puede provenir de un padre abusivo. O nunca haber recibido una clarificación, por lo que no tienen las habilidades para comprenderlas ni para usarlas. Por tanto, por su propia inexperiencia con los valores y bendiciones de la retroalimentación y sus propias conclusiones acerca de que ellos están en lo correcto, tienden a identificar la confrontación como odio, persecución o condena. Es por eso que, cuando afirmas cosas positivas, les ayudas a sentirse seguros y ser capaces de asimilar lo que quieres decir más adelante. Pueden escuchar desde una posición de ser amados, y no de una posición de resguardo.

Podrías comenzar con algunas cosas como esta:

«Gracias por reunirte conmigo. No te habría pedido este tiempo si no pensara que es importante, y quiero que sepas que tú eres importante para mí. Esto no se trata de rebajarte o criticarte. Estoy en esta relación contigo y estoy aquí para seguir en ella. Estoy de tu parte y de parte nuestra. Te aprecio y quiero que las cosas sean buenas para ti y para nosotros».

«Sé que estamos pasando tiempos difíciles, pero quiero que mejoren. Existen muchas cosas buenas entre nosotros que quiero guardar y desarrollar. Los buenos momentos son realmente los mejores, cuando los disfrutamos. En verdad creo que Dios nos unió y quiere que estemos conectados. Tienes tantos rasgos positivos, como tu entrega a tu trabajo, la forma cómo crías a los hijos, cómo te aman tus amigos, y cuán bueno eres conmigo cuando las cosas andan bien».

«Por esto, todo lo que quiero hacer en esta conversación es hablar de un problema, para que lo podamos solucionar. Quiero sacarlo del camino y de nuestras vidas, porque se entromete entre nosotros, daña la relación y me daña a mí. Quiero que se resuelva, porque quiero seguir adelante con una buena vida y cercanía contigo. ¿Entiendes?»

Esta pregunta es real. Está diseñada para asegurarte que él entiende que tú lo respetas, no quieres destruirlo y solo deseas resolver un problema para que puedas restablecer la cercanía con él. Puede proyectar lo que dijiste de su propio enojo o culpa, como por ejemplo: *«Estás diciendo que yo soy el malo»*. Si lo hace, clarifícalo: «No, no, eso no es lo que estoy diciendo. Estoy diciendo que te amo y quiero estar cerca de ti otra vez, y este problema es como una piedra en medio de la calle. Solo quiere remover la piedra, porque *te quiero a ti*. ¿Tiene sentido?

La mayoría de las veces esto transmite la seguridad que quieres dar, y puedes pasar a la próxima parte. Sin embargo, si tu *aprieta botones* persiste en sentirse atacado, sigue tratando en una sesión diferente. Pero si nunca lo logras, puede ser necesario incluir a una tercera persona neutral para que te ayude. No puedes seguir adelante hasta que primero comprenda la afirmación. Mientras no lo haga, es posible que él no participe de manera constructiva.

Escúchale hasta el fin. Suena irónico, pero la conversación tiene más oportunidad de que tú logres tu punto si puedes, desde el comienzo, *¡callarte y escuchar!* No trato de ser poco amable, pero la razón es que todos tienen su propio punto de vista dando vueltas en su cabeza. Piensa en la última vez que alguien te confrontó acerca de algo. A no ser que seas un oyente muy bueno y no defensivo, probablemente estabas construyendo las frases para responder, mientras aún hablaba. Tal vez no estabas prestando atención a cada matiz de lo que decían. Por lo que es posible que tus respuestas tuvieran más que ver con tu conversación interna, que con la preocupación de la persona que te confrontaba.

Ahora, piensa con empatía acerca del *aprieta botones* por un minuto. Es probable que de todos modos se esté autojustificando, culpando y excusando; eso es parte de su problema de no asumir responsabilidad, por lo que este rasgo agrava la tendencia a no escuchar una confrontación, bloquear a la persona y comenzar a formar una excusa o un contraataque. Mayor razón para escucharlo bien primero.

Escuchar a tu *aprieta botones* al comienzo del diálogo le ayuda a despejar su conversación interna, para que haya más lugar y espacio en su mente para tus palabras. Le ayuda a sentir que te importa su punto de vista, y que no estás allí solo para llamarle la atención. Y eso es simplemente lo correcto. Todos necesitan su día en el tribunal, su tiempo para protestar o para demostrar su punto de vista.

Desde un punto de vista estratégico y sabio, saberlo escuchar puede ser muy valioso en tu objetivo para el cambio. Puedes escuchar algo de su punto de vista que podría iluminar o informarte y conocer mejor en qué dirección llevar las cosas. No quiero que esto suene a manipulación, pero la última persona en mostrar sus cartas está más al control. Cállate y escúchalo.

Por lo que no entres aún en el mensaje completo acerca del problema.

Acércate, para darle un contexto, pero comienza sutilmente con algo así:

«Te quería hablar acerca de nuestra relación, especialmente de mi experiencia al verte demasiado enojado conmigo. Pero, primero quiero comprender tu lado de las cosas. ¿Me puedes decir cómo es para ti, si ves esto de la misma manera que yo, o si estoy haciendo algo que no ayuda?»

Ahora espera. Excepto en raros casos, tu *aprieta botones* debiera sentir la gracia y el permiso que le estás extendiendo y presentar su posición. Puede no ser organizado o cálido. Puede estar enojado, por lo que necesitas esperar y escuchar, hasta cierto punto. Si, sin embargo, se altera demasiado y no se detiene, puedes decirle:

«Parece que esto se está poniendo demasiado emocional para los dos; ¿podemos postergarlo hasta que estemos mejor?»

Escucha con empatía. No cometas el error de corregir aquí su percepción de ti. Eso no ayuda tu misión; de hecho puede cerrarte el camino. Cállate y comprende su opinión. No estás accediendo, estás escuchando. Y, si él tiene algunos puntos válidos acerca de tu contribución al problema, concuerda con él, discúlpate y hazle saber que cambiarás. Di algo como esto: «Creo que tienes razón, que regaño y no te digo las cosas. Veo que esto empeora el problema. Lo siento, me preocuparé al respecto».

Sin embargo, *no lo escuches para siempre.* Algunos *aprieta botones* se meten en sus propias protestas y pueden cobrar vida propia. Se llenan de ellos mismos en su mundo interno viéndose como víctimas, y otros que constantemente los tratan mal. Pueden seguir y seguir con esto, sin solución. Simplemente no tienen la estructura para detenerse. Por lo que cuando piensas que ya lo tienes controlado, por lo menos en lo básico, y aún sigue, dile algo como esto:

«Bien, pienso que entiendo tu punto de vista, por lo menos en lo esencial: a veces te enojas y otras te retraes porque el trabajo es duro, pero crees que estoy exagerando y que no es tan malo como digo; que empeoro las cosas cuando te regaño y no te dejo tranquilo. ¿Estoy entendiendo?»

Si te dice que no entiendes, repite todo el proceso hasta que ambos estén de acuerdo, *no en la realidad,* sino en la percepción del *aprieta botones.* Si encuentras que esto no está funcionando, busca algún entrenamiento en destrezas para escuchar. Aprender a parafrasear la experiencia de otro es una buena y valiosa herramienta para tener a mano.

También ten cuidado con alguna tendencia a resentir el hecho de que él pueda ser comprendido y tú no, durante la fase de escuchar. Esto no se trata de jugar justo, o de igualdad en este punto. Tú estás intencionalmente postergando algunos de tus propios deseos para un propósito mayor, que aumenta la posibilidad de que atienda tu pedido de que cambie. No te cortes la nariz por despecho de tu cara. Extiéndete, escucha, otorga gracia y espera.

Declara el problema. Hazlo directo y simple. No andes con rodeos como lo hizo Nancy, pero no seas falta de afecto tampoco. Se trata de claridad y sencillez, para que él lo pueda entender lo mejor posible. Lo que quieres es declarar lo que esa persona está haciendo, y cómo te afecta a ti y a otros.

EL NIVEL DEL PROBLEMA: COMIENZA CON LO QUE ES OBSERVABLE

Enmarca el problema en términos de lo que se puede ver, observar y aun medir. Dile acerca de algunos comportamientos específicos o palabras que lo ilustran: «Te enojas sobremanera algunas veces. Me gritaste anoche cuando te pregunté por qué llegaste tarde a la cena». Esto disminuye la oportunidad de que niegue o cuestione que esas cosas ocurren.

Lo que es observable generalmente tiene una raíz. En esta instancia, por ejemplo, quizás el esposo se siente impotente y utiliza la ira para volver a sentir poder; o está tan desarmado que no puede controlar el estrés, por lo que explota. *Cualquiera sea la causa, es de importancia secundaria en este momento.* Tu enfoque debe ser decirle lo que hay, no por qué es así. Por cierto, si llegara a admitir lo que hace, y luego muestra curiosidad acerca de lo que tú piensas, deberías entrar en eso. Pero quédate con el comportamiento.

Declara el efecto del problema. No sería un conflicto si no te afectara de forma negativa. Presenta el problema *cuanto más sea posible en términos de la relación.* Entre más le demuestres que lo que hace daña al «nosotros», más aumentan tus opciones de traspasar sus defensas y resistencias.

Aquí hay un ejemplo:

«Tus gritos me asustan a mí y también a los niños. Anoche se despertaron. Y yo realmente me distancio de ti cuando lo haces. Es muy difícil para mí acercarme a ti con ese grado de ira. Simplemente me paralizo por dentro y no lo puedo traspasar, aunque quiera. Echo de menos estar cerca de ti, pero es imposible cuando estás tan enojado. Entonces, cuando se te pasa y quiero acercarme, mis sentimientos no han cambiado y me quedo lejos de ti».

Estás tratando aquí de lograr su empatía y compasión respecto a cómo su comportamiento está hiriendo a las personas que ama y dañando a las relaciones que valora. Si se preocupa por ti y otros, eso puede ser efectivo. Sin embargo, si está demasiado absorto en sí mismo, temeroso o desencariñado para ser conmovido, no te des por vencido. Puede significar solamente que otras partes de esta sección tengan que entrar en juego.

Por ejemplo, puedes tener que decir: *«Admites que te enojas irracionalmente, que asustas y que me distancias a mí y a los chicos. Pero también pareces estar diciendo que no te importa. ¿Es eso lo que estás afirmando?»* A veces, tener que reconocer una declaración como esa le ayudará a un *aprieta botones* a comenzar a ver lo que está haciendo. A pocas personas les gusta identificarse como uno que está haciendo algo hiriente, sin importarle a quien lastima.

Actitudes. A veces un *aprieta botones* no manifiesta comportamientos o palabras. Su enajenación se evidencia en actitudes, que son más difíciles de concretar. Por ejemplo, puede tener un tono condescendiente o despectivo. Puede ser enloquecedoramente cumplidor, pero frío y no asequible. Puede demostrar un sutil cambio de humor cuando no estás de acuerdo con él, que te deja saber que está enojado, pero no lo dice.

Puede que ni el mismo se dé cuenta de estas actitudes. Sin embargo, puntualízalos en tu experiencia:

«Cuando te converso sobre mi día, me respondes, pero suena mecánico, como que estuvieras pensando en otra cosa. No sé de qué otra forma describirlo, excepto que pareces estar preocupado con tus pensamientos y desechas los míos».

Si lo admite, estás en buen camino. Pero si no lo hace, di: *«¿Qué te parece si te lo menciono las próximas veces que ocurra para que veas a qué me refiero?»* Referirte a una actitud en el presente puede ayudar. Si aún no entiende, y has probado varias veces, puedes tener que recurrir a ayuda o efectos, como lo explicamos en el capítulo diez.

RECONOCE LO TUYO

Tu *aprieta botones* necesita saber que no estás jugando con él el juego de la superioridad, como discutimos en el capítulo anterior. Es menos probable que quiera abrirse contigo si piensa que eres una fuerza moralmente superior que está tratando de ayudar al pobre diablo. Es por eso que necesitas reconocer sinceramente y asumir tu responsabilidad en empeorar las cosas, ya sea por omisión o comisión.

Como ilustramos en la parte previa, esto puede ocurrir cuando tu persona está presentando su perspectiva del asunto. Sin embargo, puede haber más cosas que debes reconocer y que tu persona difícil no ha mencionado. Si él no las ha traído a colación, pero tú sabes que existen, toma la iniciativa de hablar de ellas.

Un buen punto para comenzar, antes de la conversación, es repasar el capítulo tres, e identificar problemas que has causado tú o a los cuales has contribuido. Luego, durante la conversación, menciónalo y trata con él: «Pensando me doy cuenta que he empeorado las cosas para ti y para nosotros. He amenazado mucho sin cumplir. Como la vez que te dije que si me gritabas otra vez, me iría. No lo hice. No fue correcto de mi parte decir una cosa y hacer otra. Debí haberme ido, para que no hubieras recibido un mensaje confuso, o haber pensado en otra consecuencia que sí cumpliría. Puedo ver que confundí las cosas».

«Tampoco he dicho nada cuando me has herido, simplemente me he quedado callada y me he resentido. Creo que eso hace difícil para ti saber cuando tu ira sobrepasa la línea, porque me callo. ¡Y mi resentimiento era bastante enjuiciador! Simplemente hervía y te condenaba en mi mente. Quiero que sepas que estoy consciente de estas cosas. Lo siento y quiero hacer lo mejor para cambiar. Quiero que tú me digas si sientes que las estoy haciendo, y yo te escucharé».

Debes mantener la imparcialidad

Este es un típico PSI (para su información). Puedes nuevamente notar sentimientos de *Esto no es justo*, al reconocer o pedir disculpas y arrepentirte con tu aprieta botones. *Estoy humillándome y él es el problema real*.

Sí, te estás humillando. Sin embargo, la humildad es el mejor lugar del mundo para vivir. Es donde está Dios y la realidad. No es *tu aprieta botones* el problema «real». Aunque tú hagas el menor aporte y él el mayor, los asuntos tuyos son tan reales como los de él. Abraza la humildad y cambia porque es bueno para ti y para tu vida. No saques cuenta.

Un buen amigo mío una vez tuvo un conflicto con un compañero de trabajo. Finalmente fue al compañero y le pidió disculpas. Mi amigo se sintió realmente mal cuando el compañero aceptó sus disculpas, pero él no se disculpó. Eso no era lo que había pensado mi amigo. ¡Casi tomó de vuelta sus disculpas! Yo le dije: «Necesitas preguntarte sobre la sinceridad de tus excusas, si eso es lo que requerías de él». Lo pensó y se dio cuenta que había caído en la idea de juicio «golpe por golpe». A fin de cuentas, mi amigo pudo dejarlo pasar y convivir con su compañero, sin demandar disculpas iguales.

PIDE CAMBIOS

Habiendo cumplido con todos los procesos anteriores, di que quieres que él cambie. No tengas temor de decir «tú» aquí, a no ser que sea enteramente una cuestión de «nosotros», tal como, «*Quiero que dejemos de estar tan ocupados sin tener tiempo el uno para el otro.* En la mayoría de los casos, aunque haya un «nosotros», es de más ayuda para la definición y claridad de responsabilidad separar el «tú» y el «yo» del «nosotros».

Básicamente, se traduce a la realidad de que quieres que deje de hacer algo malo, o que haga algo bueno que está descuidando. Tenlo en ese nivel por ahora, para que no se complique. Uno de los resultados que deseas de la conversación es que él no mal entienda lo que le estás pidiendo. No sabes cuándo encontrarás otra oportunidad para hablar, y podría estar mucho más a la defensiva la segunda vez.

Aquí hay algunos ejemplos:

«Quiero que dejes de estar tan enojado conmigo».

«Si estás enojado, dime lo que está mal de forma calmada, para que podamos hablar al respecto».

«Si estás realmente enojado conmigo, sal a caminar o llama a alguien antes de traerme tu enojo, para que puedas estar más calmado».

«Quiero que me hables acerca de tu enojo y admitas que estás enojado, antes de comenzar a culparme y a gritar, para que podamos tratar juntos con tu ira».

No existe solo una manera para hacer esto; usa lo que te calza mejor a ti y a la situación. Pero habla de lo que quieres y necesitas.

Atascado en un ciclo de confrontación

A veces, la persona ha estado hastiada por tanto tiempo con los comportamientos del *aprieta botones* que queda atascada en un ciclo de confrontación. Es como haber estado en prisión y ahora, por fin puede expresar lo que siente. Esto puede ser un problema al seguir y seguir en torno de lo que la persona ha estado haciendo, y nunca llegar a lo que ella quiere. Hay por cierto un tiempo para que se escuche tu protesta y tu queja, pero no es este el momento.

Trabajé una vez con una pareja con la que esto sucedía a menudo. Ella dijo: «Permaneces encerrado y aislado en ti mismo no me ayudas con los chicos». Él dijo: «¿Qué quieres que haga?» Ella dijo: «Miras la televisión y no estás asequible». Él respondió «Está bien, ¿qué quieres que haga?» Ella dijo: «Es como si no estuvieras allí...»

Finalmente, tuve que interrumpirla y decirle: «Si tú no le contestas su pregunta, voy a decirle que no te haga caso hasta que digas lo que quieres». Eso la ayudó a salir del círculo.

Pide más allá de lo posible

Existen esas veces en que lo que deseas es algo que está más allá de una decisión personal. Por ejemplo, un adicto a las drogas puede que no sea capaz de dejarlas. Una persona con depresión crónica pueda ser incapaz de escoger ser feliz. De hecho, tomando el ejemplo que estamos usando en este capítulo, el esposo iracundo puede descubrir cuando intenta cambiar que el problema de la ira lo sobrepasa.

Presta atención de antemano a esa posibilidad. No quieres entrar en el problema de pedir algo que la persona no puede hacer, aunque quiera. En vez de eso en este caso, *pídele algo que pueda hacer y que dará poder para cambiar.* Siempre existe un próximo paso, aun si se trata de un primero en un proceso de cambio. Dile al adicto que quieres que entre en tratamiento ahora. Dile a la persona deprimida que quieres que llame al terapeuta esta semana. Si el marido iracundo tiene un historial de intentos sinceros por controlar su ira y sigue fallando, dile que quieres que converse esta semana con alguien que entiende de estas cosas (tales como un grupo, un experto, un pastor, un consejero o un amigo sabio).

Puede que a este punto ya sepas qué es lo que está más allá de su elección, y qué es lo que no lo está; podría ser que nunca haya admitido que tiene un problema. Si es así, conseguir que lo admita y que se comprometa a dejar el mal comportamiento es suficiente. Luego, si encuentras que está tratando y fracasando, es un problema más profundo de lo que pensabas y es tiempo de buscar otros recursos para ayudarle.

Trata con la desviación

Prepárate para la posibilidad de que, aunque has seguido los pasos de la conversación, tu *aprieta botones* siga resistiéndose. Puede negar, minimizar, racionalizar o culparte a ti del problema. No te sorprenda esto. Comprende que muchos de los *que aprietan* han usado la desviación de la responsabilidad como un patrón de vida por mucho tiempo. Aceptar la responsabilidad de su mal comportamiento es algo que evita a toda costa. Recuerda que para ti esto puede ser la prueba de la verdad, pero para él, una forma de salir del dolor y la culpa.

Aunque signifique un retraso, persevera. Este no es el momento para doblarte, abandonar, ser pasivo, explorar o decidir dejar la relación. *Es una señal que tienes un segundo problema con el cual tratar además del asunto que estás abordando.* Existen enfoques que pueden ayudarte a atravesar las desviaciones suyas a tu mensaje.

Escucha y vuelve a la pista

Escucha las excusas o el culpar, pero vuelve a enfocar tu petición por un cambio.

«Comprendo que piensas que no te enojarías si no fuera por mí. Me gustaría hablar de esto en algún momento, quizás mañana por la noche. Pero quiero volver a mi petición de que no te enojes tanto conmigo cuando llegues a casa».

Eso no es ser controlador. Al contrario, es estar en control de ti mismo y de lo que afirmas en la conversación.

Recuerda que durante los actos de escuchar y reconocer, ya escuchaste, consideraste y te disculpaste por lo que hayas hecho. Por lo tanto se acabó esta oportunidad abierta hasta la próxima vez. No te pierdas en interminables ciclos de culpar. Hay tiempo y lugar para eso, pero no ahora.

Cambia el foco a la resistencia

Sin embargo, si después de varios intentos por razonar, la persona difícil sigue evadiendo admitir lo que está haciendo, y no muestra señal alguna de progreso, tendrás que dejar de tratar de resolver el problema, y ahora *hacer de la resistencia el problema*. Si aún está argumentando, convenciendo, correteándole y eternamente volviendo a enfocar, es una señal de que tu *aprieta botones* aún no ha asumido su responsabilidad en el asunto y esto es lo que mantiene el problema a flote.

Ahora estás cayendo a un nivel más profundo, y puede ser de mucha ayuda para ambos, porque probablemente esto yace, de algún modo, en el corazón mismo de la relación. Entonces, di algo como lo que sigue:

«Me siento bastante impotente en este momento. Cada vez que intento mostrarte que tu ira es un problema para mí, tú o me culpas me dices que estoy sobre reaccionando, buscas excusas o te enojas más. Esto no está siendo productivo para ninguno de los dos. Me doy cuenta que sea lo que sea, ira, paternidad, dinero o sexo, *no puedo conversar contigo de una manera que solucione nuestros problemas.* Por esta razón muchos de nuestros asuntos nunca se arreglan. Me imagino que tampoco esto es agradable para ti. ¿Podríamos trabajar en eso como un problema?»

Otro rumbo que podría tomar es transferirle a él la responsabilidad de recibir retroalimentación. Ya que evita escuchar tu realidad, deja de «decirlo correctamente», que es un error muy común que comete la gente. Tú no puedes leer su mente. En vez de eso, di: «No resulta cuando te confronto o te doy retroalimentación. Piensas que soy injusta, o que no te comprendo, o soy pesada. No quiero que te sientas así porque no soy ninguna de esas cosas. Esto es lo que a mí me gustaría: *Quiero que tú me digas cómo debo decirte la verdad para que te sientas bien».*

Haz que él sea parte de la solución; que su mente y oídos estén involucrados. Puede que él diga: *«Asegúrame que aún te gusto; dame un minuto para que se me pase el enojo; muéstrame una señal positiva; asegúrame de que será así o dime cuando sea un mejor momento».* Considera lo que dice, y si es razonable, hazlo. Si es receptivo, estás progresando. Si no, sigue insistiendo en el tema de la resistencia.

APRENDE A ADVERTIR

Conversar así con tu *aprieta botones* tiene más de un propósito. Se trata de restablecer el contacto y la comunicación, solucionar el problema y hacer que se pongan de acuerdo con algunas soluciones. Pero existe otro propósito: *la conversación es también un diagnóstico del carácter de esa persona difícil.*

Alguien que por fin pudo ser tocado por tu vulnerabilidad, tu aceptación, amor y realidad es una persona que probablemente no necesita mayor presión, excepto mantenerse en el proceso de cambio. Pero el que rehúsa, directa o indirectamente, ver o admitir que es destructivo e hiriente, te está diciendo que requiere no solo palabras sino acciones.

La Biblia enseña que si varios van a una persona con un problema, y no les escucha, deben adoptarse otras medidas y fijar los límites (Mateo 18.15-17; 1 Corintios 5.1-5). Esto no es faltar al cariño, sino que debes responder al nivel en el cual el *aprieta botones* puede responder mejor. Algunas personas responden al dolor que causan. Otros requieren algún tipo de dolor para aprender que tiene un precio seguir hiriendo a los demás. Son más motivados por el principio dolor-placer que por la empatía. Es un nivel inferior de respuesta, pero puede ser muy efectivo para personas que no escuchan demandas verbales.

Trataremos más completamente con los límites y consecuencias en el capítulo diez. Pero antes de fijar límites, necesitas advertirle a la persona que pueden llegar. Darle una advertencia podría de por sí ayudarle a cambiar su comportamiento. También darse cuenta de que consideras tan serio el problema que estás dispuesta a pensar en una consecuencia. Eso es progreso.

A menudo, sin embargo, la persona puede ver la advertencia como sin sentido y no responder. En ese caso, prepárate para actuar como veremos en el próximo capítulo.

El momento

Probablemente es mejor no empezar a advertir hasta que hayas intentado solucionar las cosas conversando. A veces la repetición y la persistencia ayudan. También, como enseña la Biblia, puedes incluir a otros para ayudarte en el proceso antes de advertir, como discutimos en el capítulo siete. Dile que quieres ir con él a hablar con alguien. Esa no es realmente una consecuencia, ya que no hay disciplina involucrada. Es más bien una acción relacional. A no ser que sea urgente, peligroso o que exista riesgo de vida, trata de confrontarlo varias veces. El *aprieta botones* posiblemente no esté acostumbrado a que lo confrontes, por lo menos de esta manera.

Sin embargo, si todo lo demás está fallando, adviértele del resultado que viene. Por ejemplo, podrías decir: «No quieres escuchar ni admitir que tu mal genio es un problema real y serio. No voy a seguir hablando de esto. Pero quiero que sepas que tampoco lo voy a tolerar, aun si lo niegas. La próxima vez que me grites, me iré de la casa y me iré con Nicole por un tiempo. Y si continúas haciéndolo, tomaré otras acciones hasta que des pasos para mejorar».

Cuando adviertes, sé firme, fuerte y directo. Que no quede ningún mal entendido sobre lo que estás diciendo. Si no estás hablando en serio, o piensas que no podrás cumplir, no lo digas. Trabaja para que se fortalezcan tus relaciones seguras y sanas, y entonces advierte cuando estés preparado.

Recuerda que Dios ha estado desde siempre diciéndonos que nos amonestemos los unos a los otros (Ezequiel 3.17-21). Es un don y una bendición darle a una persona la oportunidad de cambiar al advertirle. No lo veas como algo negativo sino como algo necesario. Puede ser lo que comience a cambiar tu relación *aprieta botones*.

COMO PUEDES DARTE CUENTA, la conversación requerirá algo de preparación, oración y juego de roles. Es mejor estar más preparado que solo lo suficiente. Toma tiempo en cuanto a ser capaz de conducir la conversación. Conocerás los próximos pasos a seguir por el nivel de respuesta que recibas. Luego, suponiendo que esta no es la que desearías, entonces es el momento para las acciones prescritas en el próximo capítulo.[1]

Recurso # 5 : Tus palabras

TOM ESTABA SENTADO FRENTE A MÍ EN EL RESTAURANTE. Estaba callado, pero yo sabía lo que estaba pensando. Estaba preparándose para cruzar una línea que nunca había cruzado antes. Esperé. Finalmente dijo: «Ya, voy a llamarla hoy». «Llámame después que hablen», le dije.

La persona de quien hablaba Tom era su madre, Andrea. Sin entrar en detalles, había sido una madre bastante deficiente durante su niñez. Andrea tenía mucha dependencia, inmadurez y aptitud para separar a las personas, lo que le había causado muchos problemas mientras crecía. Sin embargo, Tom había recibido buena ayuda, apoyo y consejería durante su vida adulta y había tratado en serio con el bagaje recibido. La perdonó y siguió adelante con su vida. Andrea seguía siendo el tipo de persona de siempre, y lo culpaba de pronto por cualquier cosa, pero él no lo tomaba demasiado en serio, sabiendo de quien venía. Tenía un buen equilibrio respecto de su mamá. No esperaba mucho de ella, y aunque era amistoso, tampoco le dedicaba mucho tiempo. De vez en cuando él, su esposa Chris y su hijo Matt la visitaban o la invitaban a su hogar.

El problema actual, sin embargo, no giraba en torno a Andrea y Tom, sino a Andrea y Matt. Tampoco había sido una gran abuela, pero se había comportado bien hasta ahora. En las últimas semanas, cuando se había enojado con Tom por algún menosprecio real o imaginario, ella había cambiado sus tácticas de forma muy destructiva. Había comenzado a llamar a Matt, que tenía ahora alrededor de trece años, para conversar por teléfono cuando no estaban sus padres. Le contaba cosas negativas y falsas acerca de Tom, para vengarse de su hijo. Era algo insano. Evidentemente era una *aprieta botones* muy perturbada.

Como es de comprender, esto también perturbó mucho al niño. Les contó a sus padres y se sintió realmente afligido de que su propia abuela tratara de ponerlo en contra de su papá. Fue una experiencia traumática para Matt. Tom actuó con rapidez. Llamó a Andrea y le dijo que no debía hablar directamente con Matt otra vez, sino que desde ahora debía llamarlo por medio de él. Le advirtió que estaba poniendo en jaque su relación con todos ellos si no paraba. Pero no terminó allí. Unos días después, Andrea volvió a llamar a Matt cuando Tom y Chris no estaban y lo criticó por «acusarla» con Tom. Este se sintió muy perturbado y enfadado por cuán destructiva estaba siendo Andrea con su propio nieto. Reconoció la repetición del cuadro de su niñez. La llamó nuevamente y le dijo que no siguiera. Y otra vez, ella lo ignoró y llamó a Matt a sus espaldas. Tom había instruido a Matt para que no respondiera más el teléfono, pero con un adolescente, eso era imposible.

Tom me dijo que era hora de pasar de las palabras a las acciones con Andrea, y yo estuve de acuerdo con él. Ese día la llamó y le dijo: «Mamá, quiero que sepas que pienso que en este momento eres tóxica para nuestra familia. Nos has herido, y sigues hiriéndonos, sin escuchar mis peticiones para que cambies. Por esta razón, de ahora en adelante, no tendremos contacto contigo hasta que te disculpes y pidas perdón por lo que nos has hecho a mí, a Chris y a Matt».

Por lo que Tom me contó de esa conversación, fue brutal. Andrea gritó, lloró y lo acusó de ser miserable con ella y de juzgarla. Rehusó siquiera considerar lo que le había pedido, y le colgó el teléfono. Como si eso no fuera suficientemente duro, comenzó a llamarlos, pero no para disculparse, sino para culparlos y hacerse la víctima. Llamó a los hermanos de Tom y les convenció de que este estaba siendo cruel con ella.

Pero Tom, Chris y Matt no alteraron su posición. Cuando ella llamaba decían: «Si no es para disculparte, voy a colgar». Ella gritaba o lloraba, y ellos colgaban. Esto ocurrió muchas veces, hasta que Andrea les escribió una carta diciendo que ella misma cortaba todo contacto con ellos, porque eran muy malos.

Tom vivió bajo un gran conflicto mental y emocional durante este tiempo. A menudo dudaba de sí mismo. Su conciencia lo cuestionaba sobre cuán poco perdonador estaba siendo. (No era verdad: el perdón se refiera al ayer, con el cual Tom había tratado; estaba protegiendo el mañana.) Inclusive algunos de sus amigos pensaban que estaba siendo demasiado duro. Matt echaba de menos a su abuela, aunque sabía que era una persona muy difícil. Tom aun sufrió algunas regresiones emocionales relacionadas con su propia niñez, lo que es común en este tipo de situaciones. Pero se aferró a sus convicciones y a los límites impuestos.

Pasaron dos años y recibió una llamada de Andrea. Cuando tomó el teléfono, ella dijo: «Siento lo que hice. ¿Me perdonas?» Y hablaba en serio. Él se quedó estupefacto. Su mamá, que estaba virtualmente muerta para él, había vuelto a vivir. Él le dijo que claro que sí, y ella entonces habló con Chris y Matt y se reconcilió con ellos también.

Muy contento, pero también cauteloso y curioso, Tom le preguntó a Andrea qué había sucedido. Le contó que básicamente le había tomado todo este largo tiempo, además de la ayuda de algunos amigos, darse cuenta de su mal proceder, y cuánto les echaba de menos. Eso fue lo necesario para humillarse y para pedir perdón por ser tan hiriente. Tom comprendió, y con el tiempo comenzó a restablecer las visitas y las llamadas con Andrea. Hasta el momento, han pasado varios meses y las cosas han permanecido lo suficientemente bien como para continuar. Como dice Tom: «Andrea es todavía Andrea, pero ya no hace nada grave, así es que está bien».

La línea que cruzó Tom fue la de las palabras a las acciones. Trató varias veces de hablar, y finalmente decidió que tenía que establecer algún límite, si no para ayudar a mejorar a Andrea, por lo menos para proteger a su familia. Obviamente, fue una acción muy difícil. Pero si no la hubiera hecho y perseverado en ella, dudo que Andrea hubiera cambiado. A veces se requiere de acciones para darle peso a lo que decimos.

EL PODER DE LAS ACCIONES

Tus acciones son tu sexto recurso. El tipo preciso de comportamientos y movidas por tu parte, manejados correctamente, pueden tener un tremendo poder con tu *aprieta botones*. Ellos apoyan lo que estás diciendo. Muchas personas difíciles simplemente no escuchan, no creen ni responden a lo que les dicen los demás. En su experiencia, la mayoría de las personas o confrontan, o regañan, o amenazan pero no hay significado más allá de las palabras. La verdad es que muchos *aprieta botones* simplemente requieren de algún tipo de experiencia dolorosa, para aprender que las personas hablan en serio. Un antiguo proverbio dice que esta es la diferencia entre una persona sensata y un individuo necio: «La represión aprovecha al entendido, más que cien azotes al necio» (Proverbios 17.10).

Utilizar la acción no tiene nada que ver con venganza o ira. De hecho, dar los pasos y adoptar las consecuencias apropiadas es a menudo la cura para la propia ira, a medida que retomas el control de la vida, y ayudas a tu *aprieta botones*. El motivo que debe mantenerse en la mente, como con todos los recursos, es el amor: tú estás por la persona, por su crecimiento y por la relación.

Evaluemos los términos primarios de acción con respecto a la historia de Tom y Andrea. Para definir las cosas brevemente, *un límite o frontera es una línea que define las cosas.* Puede definir quien eres y quien no eres. Por ejemplo, *Estoy de acuerdo que ambos tengamos libertad en esta situación y estoy en contra de que uno de nosotros controle al otro.* Puede definir lo que es tu responsabilidad y lo que no lo es. Por ejemplo, *Eres importante para mí pero no puedo asumir la responsabilidad de tus emociones.* Puedes definir lo que tolerarás y lo que no tolerarás. Por ejemplo, *Aceptaré cierta irresponsabilidad tuya, pero no que trabajes tanto y descuides a los niños.*

Cuando marcas un límite con tu *aprieta botones*, estás trazando una línea para ambos, que le informa que no aceptarás comportamientos más allá de cierto punto. Es tu petición y tu regla. En el caso de Tom, su frontera inicial con su madre fue que ella debía pasar por él cuando quisiera hablar con Matt. Le estaba diciendo a Andrea: «Estoy tomando la responsabilidad del bienestar de mi familia. No la de mantenerte feliz, si necesitas tratarnos así para ser feliz. Y te estoy haciendo saber lo que no voy a tolerar».

Entonces, como vimos en el capítulo nueve, *una advertencia* notifica a la persona que ignora los límites requeridos. Esto le comunica que si la situación continúa, sucederá algo muy desagradable para quien no respete estas fronteras y cruce la línea. Tom notificó a Andrea que su relación con la familia estaba en serio peligro.

Una *consecuencia* es un concepto diferente a un límite.

Técnicamente una consecuencia es *el resultado de la violación de una frontera*. Es una acción que tú realizas si la persona cruza el límite que has establecido. Las consecuencias sirven para *apoyar y reforzar las fronteras*.

Como mencionamos antes, una consecuencia implica la presencia o ausencia de algo deseado para la persona difícil. Cuando Andrea violó el límite de Tom, la consecuencia fue una pérdida de contacto con ellos. A juzgar por su reacción, esta fue una pérdida muy dolorosa para ella. La intención no fue dañar a Andrea. Al contrario, tuvo el doble propósito de proteger a la familia de su divisionismo, y de hacer que se diera cuenta de que sus actitudes iban asociadas con resultados. No era libre de hacer o decir lo que quisiera sin una consecuencia. Eso es aplicable a todos nosotros. Es una regla mayor de la vida y las relaciones. Y, en este caso, aunque demoró bastante tiempo, ayudó a Andrea enfrentar su responsabilidad por su comportamiento. *Las consecuencias no son todo lo que tienes que tratar con tu aprieta botones, pero son centrales*, especialmente cuando existe mucho atropello.

Por eso el concepto de fronteras, advertencias y consecuencias es muy claro y sencillo. Lo vemos constantemente al ser padres. Por ejemplo, mamá le dice a Danny de seis años que recoja su ropa del piso (frontera). Cuando la ignora, le indica que habrá una consecuencia si no lo hace ahora (advertencia). Cuando él sigue camino, ella confisca por un tiempo los juguetes con que ha estado entreteniéndose, mientras sigue insistiendo en que recoja la ropa. Se espera que Danny comience a simbolizar e *internalizar* (internalizar es tomar estas experiencias emocionales dentro de él y hacerlas parte de su mundo y realidad interna) la frontera como asignándole fuerza y significado. Por último, la idea es que responda a mamá sin tener que sufrir una advertencia y consecuencia cada vez.

La internalización es la esperanza de este proceso. Las personas maduras comprenden que cuando alguien les pide hacer algo que deben, lo harán porque les importa la persona, o porque simplemente es lo correcto. Como los niños, las personas inmaduras no responden, sino existe una amenaza de consecuencias. Pero a través del tiempo y la experiencia, el proceso llega a ser parte de la persona, y no requiere la consecuencia, mientras sus motivos se desarrollan evitando el dolor al amor, justicia y moralidad.

DETERMINA LAS
CONSECUENCIAS APROPIADAS

Una consecuencia apropiada y bien pensada puede ser de mucha ayuda para que el *aprieta botones* esté consciente, asuma su responsabilidad, cambie y crezca. Las mejores consecuencias calzan bien tanto con la situación como con la persona. Existe un número casi ilimitado de consecuencias, al igual que como no existe solo una que sea la «correcta». De hecho, puedes descubrir que varias funcionan en tu situación. Presentaré aquí una lista de algunos principios de cómo descubrir las efectivas. Sugiero además consultar a personas que comprenden estos asuntos. Una persona experimentada puede a veces contribuir en forma nueva e imaginativa para establecer una consecuencia, lo que puede inspirar tus propios procesos creativos.

Realidad natural

Primero, si es posible, son preferibles las consecuencias que reflejan la vida real. Cuando ellas se acercan a la realidad, es más probable que el *aprieta botones* mismo acepte que él es la causa de su incomodidad. Llega a enojarse y frustrarse consigo mismo, y toma más responsabilidad por cambiar para no repetir el efecto. Por ejemplo, en el mundo laboral una persona que es irresponsable con las asignaturas y los límites de tiempo deberá naturalmente perder ascensos, experimentar disciplina y confrontación, y quizás hasta perder su empleo. Aunque algunos *aprieta botones* constantemente culpan de sus problemas a los malos jefes, a la compañía y a la economía, muchos de ellos cambian cuando experimentan pérdidas financieras reales y en sus carreras, lo que ocurre sencillamente porque así funciona el trabajo.

En el mundo relacional, supongamos que tu *aprieta botones* tiene un modo de controlarte actuando dolido o herido si no haces lo que él quiere. Hace pucheros y se aísla por períodos hasta que tomas la iniciativa de preguntarle qué pasa. Entonces te dice cuán profundamente le duele tu egoísmo (más correctamente, tu libertad). Si conversar no ayuda, una consecuencia que podría acercarse a lo natural sería que tú ya no lo rescates de su retiro. Si la persona da el primer paso de ir a ti y explicar por qué está tan alterada, estarás contento de discutirlo con ella. Pero de ahora en adelante, si ella espera que tú notes su tristeza (la que a menudo es una ira encubierta) y trates de hacerla cambiar de ánimo, no lo estarás haciendo. De modo que, hasta que ella asuma la responsabilidad, se está separando por sí misma de la relación y de sus beneficios.

Otro ejemplo concierne a la persona que está crónicamente atrasada y que hace que las reuniones y los eventos sean difíciles para todos, aunque siempre tiene una excusa. Existen un par de consecuencias debidamente naturales que podrían servir.

Primero, todos los de su entorno social (esto es, familia y amigos) se ponen de acuerdo en que no viajarán con ella a un evento, pero irán por sus propios medios y saldrán a tiempo. Esto es natural, porque las otras personas no quieren llegar atrasadas. Ella tendrá que manejar y llegar tarde sola, lo que por lo general es un poco embarazoso, ya que no hay nadie a quien echarle la culpa.

Una segunda cosa es que todos se ponen de acuerdo en que no esperarán hasta que ella llegue. Esto significa que, no esperan para pedir en el restaurante, comienzan el estudio bíblico a tiempo, ponen la música en la fiesta y lanzan la primera pelota en el partido de béisbol. También esto es natural, porque está bien que las personas que se esforzaron por llegar allí a tiempo no tengan que esperar a la que está atrasada. Y el efecto es que ella se pierde de cosas en las que le habría gustado participar. Aunque no cambie, y esto es importante, *te habrás protegido y te habrás hecho cargo de tu propio tiempo y horario,* por lo que estás en control de tu vida y no el *aprieta botones.*

Excepciones a la regla. Sin embargo, hay momentos en que las consecuencias naturales no son las mejores. Por ejemplo, el drogadicto arriesga su salud y morir por la sustancia. Obviamente, no tendría sentido alguno decir: «Bueno, quizás eso le enseñe a dejarlo». Una mejor consecuencia podría ser la pérdida de apoyo de importantes amigos y miembros de la familia hasta que acepte ir a rehabilitación.

El valor más importante que recordar concerniente al concepto de las consecuencias naturales, es que *te saca de la posición de padre con tu aprieta botones.* El individuo difícil a menudo ve a la persona que establece las consecuencias como controladora, mala o no amorosa, esto es, como un padre desencariñado (tú) deliberadamente controlando a un niño (el *aprieta botones*). Esta posición interrumpe el proceso de aprendizaje, ya que el individuo culpa a la persona, y no a sí mismo, por la incomodidad. Entre más cerca estés de lo natural, menos estarás fuera del camino, y es menos probable que seas el objeto de la culpa.

De hecho, puedes hasta consolar y apoyar a la persona difícil cuando experimenta la consecuencia, si es capaz de ver sus comportamientos, no los tuyos, como la causa de su dolor. Esto generalmente es más adelante en el proceso, pero he visto muchas ocasiones en que, por ejemplo, un hombre que fastidia a su familia comienza a sentir pena y remordimiento por lo que ha hecho, y su esposa puede apoyarlo con gracia y amor, mientras sigue sosteniendo las consecuencias hasta el tiempo apropiado.

El aspecto relacional

Las consecuencias tienden a ser más productivas cuando tratan de *pérdida de relación*. La razón de esto es que, en el centro de nuestro ser, fuimos diseñados por Dios para ser criaturas de relación. Tu *aprieta botones* necesita la conexión con otras personas por muchas razones. Las relaciones son líneas vitales en nuestra existencia, y el aislamiento es uno de los dolores más profundos, por lo que cuando un vínculo está en riesgo, atrapa la atención de alguien, tal como ocurrió con Andrea. Esto no pasa en toda situación, ya que a veces hay individuos muy indiferentes o absortos en sí mismos, pero como regla general, es el mejor punto de partida.

Conocí a un hombre que estaba enamorado de una mujer con la cual había estado saliendo por algún tiempo. Estaba listo para concentrarse solo en ella. La dama, por su parte, creía estar enamorada de él, pero no estaba lista para dejar de salir con otros dos hombres que le gustaban. Él trató de ser paciente, pero el tiempo pasaba y ella no hacía ningún movimiento en una dirección u otra. Él la atraía, pero no estaba dispuesta a asumir la responsabilidad del problema y entender por qué seguía con los otros tipos. Finalmente él le dijo: «*Yo sigo mi camino. Te amo, pero no puedo quedarme en el limbo. Por lo tanto, no me llames a no ser que estés dispuesta a salir solo conmigo».*

Ella se enojó mucho por esta consecuencia. Realmente no tenía intención de controlarla; solamente trataba de cuidar su propio corazón y su vida. Lo llamó varias veces para estar en contacto, pero él se quedó con las consecuencias y no quiso hablar con ella. Finalmente, la privación la hizo echarlo tanto de menos que clarificó en su mente que prefería estar sin los otros que sin él. Lo contactó, esperando que no se hubiera unido a alguien más. Afortunadamente para ella, no lo había hecho, y por fin se casaron.

El poder de la pérdida de relación no puede ser sobreestimado.

Igualar la severidad

Las consecuencias no deben ser una reacción menor o una sobrerreacción. Como ocurre con la ley criminal, la condena debe concordar con el crimen.

Si tu *aprieta botones* está cometiendo faltas menores, fija una consecuencia menor. Por ejemplo, si no te escucha y mira la televisión mientras quieres hablarle, podrías hacerle saber que necesitas salir a caminar cuando hay que ayudar a los niños con sus tareas, si él no puede estar un rato a solas contigo.

Con infracciones más serias, sin embargo, debes estar dispuesto a fijar consecuencias más severas. Si un cónyuge tiene una aventura amorosa y no está arrepentido, puedes querer considerar una separación terapéutica, con el fin de transmitirle la importancia y el daño causado. Un *aprieta botones* levemente molestoso no debería experimentar el mismo grado de severidad que uno muy destructivo.

Utiliza a tus amigos para ayudarte con esto, porque es fácil perder la proporción, debido a cuán cerca y afectado estás. Puedes tener la tendencia de salir demasiado fácil de tu codependencia y culpa. Por otra parte, tu resentimiento y dolor de mucho tiempo puede hacerte aplastar a una mosca con una bomba nuclear. No pierdas el equilibrio y mantén las relaciones.

Influencia, dependencia y necesidad

Esta es una consideración muy, muy importante en la que debes pensar y sobre la cual debes actuar: *tu aprieta botones tiene algún tipo de dependencia de ti.* Te necesita a ti o a algo que tú tienes o provees. De otro modo, con los conflictos que tienen, ¿por qué sigue aún en la relación?

Esto es muy importante, porque puedes tener un poder en la relación del cual no estás consciente. Habiendo dicho esto, recuerda que no se trata de tener el poder para controlar, arreglar o dañar. Se trata de que, teniendo y usando tu capacidad de maniobrar con una consecuencia, eso pudiera hacer una real diferencia en influenciarlo para cambiar. En algún nivel, le importas, y esto significa mucho para él.

No puedo decir cuántas veces he hablado en el programa radial con algún cónyuge que está en un matrimonio muy problemático y dice: *No hace nada de lo que yo le pida cuando quiero que no siga el problema.* No hay nada que pueda hacer para que cambien las cosas. Entonces, al explorar el matrimonio, casi siempre encontramos algo que puede emplearse que les importe y que pudiera ayudar. Una respuesta obvia al problema del esposo retraído e indiferente, por ejemplo, es que comiences a requerir conversar y demostrar interés para poder sentirte lo suficientemente cariñosa y segura para tener relaciones con él. Esto no es ser engañosa, ya que actúa en base a una realidad de cómo el sexo y la relación interactúan: la unión emocional fue diseñada por Dios para que llevara a la unión sexual y no al revés.

Hay que considerar este último ejemplo con cuidado y con amigos de madurez espiritual. Primera de Corintios 7.4-5 nos enseña que para proteger su matrimonio contra la tentación, el esposo y la esposa no deben negarse de las relaciones sexuales. Esto es un principio bíblico muy importante. Sin embargo, si la esposa se siente presionada a tener relaciones aun cuando no ha recibido la necesaria provisión o ha sufrido de mal tratamiento, algo muy mal está aconteciendo. Así, busca retroalimentación confiable sobre esto, y asegúrate de interpretar cualquier porción bíblica en el contexto de todo el consejo de la Biblia. Por ejemplo, la responsabilidad del esposo de demonstrar un amor profundo y sacrificial (Efesios 5.25, 33) debe ser parte de su consideración. En fin, el sexo es un don y no una arma. Ningún cónyuge debe exigirlo cuando el amor y el cuidado no están presentes; ningún cónyuge debe retirarlo para tomar represalias o castigar al otro.

Comprender el poder de palanca que tienes, también te ayuda emocionalmente. Como hemos discutido, la gente en una relación con un *aprieta botones* a menudo siente altos grados de desamparo, impotencia y frustración. Se sienten excluidos y que ninguna decisión que adopten podrá hacer alguna diferencia. El llegar a estar consciente de que tienes poder y manejo te servirá de mucho para ayudarte a sentir que estás en condiciones de ayudar.

Lo que hay que considerar

Aquí hay un breve listado de algunas características que puedes poseer sin saberlo, y que podrías usar. Algunas realmente no le importarán a tu *aprieta botones*. Pero otras sí y también otras que no están en esta lista. Aprovecha el hecho de que, probablemente, estás aportándole algunas cosas que, aunque no lo admita, genuinamente necesita y quiere.

Recuerda mantener puros tus motivos aquí. No se trata de desquitarte o de demostrarle cómo te hace sentir. Se trata de captar su atención, para que vea una conexión entre su comportamiento y su incomodidad, y haga los cambios necesarios. Y, si cambia, asegúrate de que vuelva a tener estos beneficios, de todo corazón y generosamente, en el momento apropiado.

- Aceptación de sus defectos

- Calidez

- Presencia emocional

- Afirmación de la relación

- Incentivo para ayudarla a seguir adelante

- Apoyo en sus luchas

- Afecto

- Interés en su mundo y en su vida

- Presencia física en la habitación

- Empatía por su dolor

- Cocinar, limpiar, organizar y cumplir con las labores de casa

- Arreglo de cosas en la casa

- Hacer del hogar un entorno agradable

- Atender sus necesidades más significativas

- Espacio y quietud a su alrededor

- Respeto por lo que le merece respeto en el otro

- Espontaneidad para darle vida

- Entretención para ayudarle a disfrutar

- Humor para ayudarle a mirar con perspectiva

- Dependencia de alguien confiable

- Estructura para ayudar a organizarse

- Habilidades para hacer tareas que le son asequibles

- Ayudar a proveer amistades y actividades sociales entretenidas

- Pensamiento práctico que le ayude con sueños e ideas

- Apoyo financiero y de otros recursos

- Planificación para enfocar su futuro

- Sabiduría para darle dirección

- Retroalimentación para ayudar la enfocada

- Discernimiento para ayudarle a tener conciencia de las situaciones

- Profundidad para traerle al mundo interior de la vida

- Creatividad para ayudarle a ver las cosas de otro modo

- Soluciones nuevas para sus problemas vitales

- Un sistema social y entorno que le importe

- Espiritualidad arraigada en Dios y en su fe

- La tradición cultural del matrimonio, que sirve de ancla a las personas

- Vínculos familiares que le dan un sentido de arraigo y pertenencia

- Vivir juntos en el hogar, a resguardo de la soledad

El *aprieta botones* a menudo es dependiente de otra persona, esto es porque el mundo simplemente no se detendría a lidiar con sus tendencias. Por eso, el otro sirve de protección, consuelo, amortiguador y santuario para él, para que no deba enfrentar su fracaso en adaptarse al mundo. La persona más reservada, aparentemente fuerte y autosuficiente, a menudo esconde soledad, temor y una inhabilidad de hacer y mantener amistades. He visto a tantas de este tipo comenzar a desmoronarse cuando las cosas de las que dependían de la otra persona ya no están a su alcance por cierto tiempo. A veces se deprimen, el tipo de depresión que los psiquiatras denominan *productiva*. Esto significa que la depresión es el primer paso para llegar a ser auténticos, enfrentar los asuntos y cambiar. No recates a *tu aprieta botones* de esta depresión si le va a ayudar a crecer. Si mueves algunos de los amortiguadores, puede tener que experimentar la soledad que le ayudará a ver lo que te está haciendo a ti, a sí mismo y a la relación.

Puedes ponerte a pensar con tus amigos cuáles de los temas en la lista le importará más a tu *aprieta botones*, y dile en algún momento algo así:

«Si no dejas de hacer equis asunto, perderás algunos de los beneficios de estar conmigo. Yo los retendré para mantenerme segura, porque no me siento cercana ni querida por ti: y porque espero que recibas el mensaje de que estoy hablando en serio acerca de tu comportamiento, y no lo toleraré».

En el uso cuidadoso del poder con tu *aprieta botones*, «. . .sed, pues, prudentes como serpientes, y sencillos como palomas» (Mateo 10.16).

LA LOGÍSTICA DE LAS CONSECUENCIAS

En una palabra, entre más específico mejor. Eso se aplica a lo que es la consecuencia; cuándo, a qué nivel y cuáles son las condiciones para que sea quitada. Sé lo más claro e inconfundible posible. No sea que surja alguna confusión más tarde y se te culpe de ser demasiado severo, controlador o injusto.

Es desafortunado que tengas que ser tan específico y exacto, pero esto se basa en la realidad del hecho de estar en una relación con un *aprieta botones*. Recuerda que no partiste pensando que debías establecer fronteras y límites específicos. Y ojalá, si tu *opresor* responde a la presión, puedes soltarlas en algún punto seguro. Las relaciones buenas y sanas son de naturaleza diferente; están más dirigidas por el espíritu de la ley que por su letra. Si le dices a un amigo que te ha herido, conversan, él pide disculpas y cambia, la relación sigue adelante. Sabes que él hará su parte.

Pero las buenas relaciones están edificadas sobre la dependencia y la confianza. Las relaciones con *aprieta botones* a menudo tienen problemas de confianza, y la persona debe depender de sí misma más que en el otro individuo. *Con un opresor, la confianza es con frecuencia la meta hacia la cual se debe trabajar, no una premisa que hace.* Debido a esto, debes imponer la ley más que el espíritu hasta que las cosas cambien y puedes confiar en sus intenciones y motivos. Como dice la Biblia: «La ley no fue dada para el justo, sino para los transgresores» (1 Timoteo 1.9).

Por tanto, siguiendo el ejemplo del esposo airado del capítulo nueve, podrías decir algo como: «Me fui donde Nicole cuando explotaste, pero eso no cambió las cosas contigo, por lo que voy a pasar un par de tardes en la semana con amigos y un grupo de apoyo para que logremos mantener nuestra relación. Durante los fines de semana, pasaré la mayor parte del tiempo fuera de casa o con amigos. No iré contigo a ningún acto social porque no confío en que no puedas enojarte otra vez. Si te responsabilizas de tu ira, me gustaría volver a pasar más tiempo contigo, pero no hasta entonces».

Cumple

No existe sustituto alguno para cumplir con una consecuencia. Esta es la acción que hace que tengan sentido y sustancia tus palabras para tu *aprieta botones*, en vez del regaño que simplemente ignora y descarta. Es cuando transformas tus dichos en hechos. Cumplir no es cosa de otro mundo. Es más bien determinar si tienes el apoyo, los recursos, el bagaje emocional y el valor.

Establece y planifica tus recursos. Si esta es una intervención mayor, rodéate de ayuda. Involúcrate en una iglesia que participe en programas de apoyo con personas en problemas. Encuentra amigos y ayudantes que entiendan de estos asuntos. Lee libros sobre el tema. He visto a algunas iglesias que fueron un recurso en relaciones de *aprieta botones* que el cuerpo de diáconos visitaba un hogar para solo confrontar y tratar asuntos de matrimonios que estaban en crisis.

Mantén tu independencia de la persona difícil pero conectado a otros. No pienses que porque hoy estás harto, tu determinación y compromiso actual es garantía de que mantendrás las consecuencias mañana y el día siguiente. Recuerda que tu *aprieta botones* no es el único con dependencias. Seguramente tú también vas a echar de menos las cosas buenas que valoras en él. Y entre más lo necesites, menos probable es que puedas cumplir. Satisface tus necesidades de calidez, estructura, soporte y validación con tus estructuras de apoyo. Entonces, si la persona comienza a quitarte abastecimientos emocionales, tienes donde ir para ser reabastecido y fortalecido. Asegúrate de que tus relaciones seguras y cuerdas estén en conocimiento de todo esto, y estén disponibles para ti en momentos de debilidad, cuando quieras darte por vencido y levantar la consecuencia.

Trata con asuntos emocionales tales como la culpa y la codependencia. Fijar consecuencias es un mundo nuevo para muchas personas. Nunca lo han hecho antes, o al menos bien hecho, de modo que les resulta extraño. A menudo, surgen asuntos emocionales que hacen que nos detractemos del enfoque central. Si tienes un patrón de conducta de amenazar y no cumplir, puedes tener que tratar con la culpa, la soledad, las dudas, el temor a la separación y una legión de otras emociones. Pueden surgir sentimientos de culpa o de que estás siendo cruel. O de codependencia, lo que significa que si pudieras rescatar a la persona con tu amor, ella podría salir a flote. Pon atención a estos asuntos y procésalos en la relación. Mejórate con ellos y dales un lugar a donde ir, para que puedas aterrizar en tu realidad.

Normaliza el escalamiento. No te sorprendas si tu persona difícil acentúa su comportamiento problemático inicialmente. Eso es bastante normal y es de esperar. Asegúrate que tu grupo de apoyo piense que estás en buen camino, mantente estable. El incremento es una señal de que algo está ocurriendo y cambiando, y que puede llegar a ser bueno para ambos.

La mayoría del tiempo este escalamiento no es planificado ni tampoco una estrategia deliberada para desestabilizarte. Al contrario, tiende a ser, expresado sencillamente, una pataleta. Como cuando un niño de tres años protesta airadamente por algo que no disfruta ni quiere. A menudo, los *aprieta botones* no tuvieron una niñez en la que se le impusieran límites consecuentes, cariñosos y apropiados. ¡Por lo que ahora tienen tres años en un cuerpo adulto! El proceso que estás impulsando es para que ellos traspasen el escalamiento, se den cuenta de la realidad, de que no pueden hacer o decir lo que se les antoje, que sientan, se entristezcan por lo ocurrido y comiencen a madurar interiormente. Eso es lo que resuelve el desarrollo de un niño en la etapa de la pataleta, y puede ser una fase que le faltó a tu persona en la primera vuelta.

No estoy diciendo que el escalamiento sea divertido. A veces puede ser hasta peligroso. Por ejemplo, si una persona iracunda se pone realmente abusiva o violenta, debes protegerte y traer más recursos. Pero si puedes quedarte segura dentro de los límites, este incremento a menudo comienza a calmarse en el tiempo, a medida que la persona avanza más hacia la aceptación y el duelo respecto de librarse de su propia impotencia.

Mantente tan cálido y «a favor» de la persona como sea posible durante esta etapa. No comiences con palabras castigadoras o duras, porque podría ocurrir que ella atribuya el problema a tu maldad y no a su propio comportamiento. Di cosas como: «Siento que sea tan doloroso para ti en este momento. Yo tampoco lo estoy pasando bien, y quiero que volvamos a estar unidos. Pero contigo tan airado y fuera de control como lo estás, necesito mantener mi distancia, el límite, hasta que optes por cambiar las cosas».

¿Apretar? ¿Aflojar? ¿Cambiar?

Es probable que necesites seguir monitoreando y reevaluando tus fronteras y consecuencias. Este es un proceso fluido y las personas cambian y se mueven. La mayoría de las veces el *aprieta botones* no dejará su mal comportamiento la primera vez que establezcas la consecuencia, aunque a veces ocurre. No estés rígidamente encerrado en un enfoque. Sigue probándolo hasta que encuentres la mejor combinación.

Apretar. Puedes descubrir, por ejemplo, que tu consecuencia no le importa realmente, o no es suficientemente estricta. Después de un período razonable de tiempo, determinado por ti y por personas experimentadas, si no ves cambio alguno, o si el escalamiento no se resuelve, puede ser necesario plantear una consecuencia diferente. Esto puede parecer algo liviano, como si la persona fuera un proyecto de investigación. Pero la realidad es que necesitas consideración, sabiduría y ayuda para crear el mejor contexto posible a fin de que tu *aprieta botones* cambie y comience a crecer. Es, en última instancia, profundamente personal.

Tengo un amigo que estaba destruyendo las finanzas de su familia. Tenía el hábito de hacer inversiones muy riesgosas con dinero que no podía permitirse el lujo de perder. Se desentendió de las advertencias de su esposa y algunos amigos, pensando que eran demasiado conservadores para realmente entender lo que eran las oportunidades. La primera consecuencia que estableció su esposa fue que comenzó a retirarse emocionalmente, pasando tiempo aparte de él, porque le tenía miedo y no confiaba. Luego, cuando eso no funcionó, le pidió que asistiera a un grupo de apoyo y él aceptó.

Sin embargo, después de un tiempo se hizo evidente que sus hábitos financieros no estaban cambiando, y podía resistir su distancia y la influencia del grupo. La esposa entonces consultó con algunas personas, y finalmente le pidió que saliera de la casa, lejos de ella y los niños, hasta que llegara a ser financieramente hablando más responsable. Esto le importó. Le atribuía un fuerte valor a estar con la familia, y el aislamiento, la soledad y la falta de cariño eran bastante penosos para él. Aunque siguió culpándola por un tiempo por ser poco cariñosa, ella mantuvo la consecuencia más estricta. Después de un tiempo, estuvo de acuerdo en someter sus finanzas a la opinión de otros en su iglesia, lo que le ayudaría a volver a equilibrarse.

Si tu consecuencia (o consecuencias) está en el área correcta que le importa a tu *aprieta botones*, existe un principio aquí: *mantenla lo suficientemente estricta para ver movimiento y cambio, y no más estricta*. No seas castigador, vengativo o controlador. Otorga toda la gracia que puedas dentro del límite más estricto. Y, de la misma forma, si tu límite es demasiado severo, y las personas razonables piensan que estás sobrereaccionando, muéstrate dispuesto a aflojar. Lo importante es que la persona difícil sufra suficiente incomodidad como para cambiar, pero no tanto que se desanime del proceso y se dé por vencida.

Cuando aflojar. ¿Cómo determinar cuando es tiempo de soltar la consecuencia? No quieres parar solo porque la persona dice: *Está bien, cambiaré*. Tampoco quieres hacerlo cuando él da una respuesta inicial que no demuestra una constante. Aquí hay algunos consejos:

❖ Cuando hay cambio junto con las palabras.

Debes insistir en que la persona realmente haga cosas de manera distinta: comience a ser más responsable, deje de criticar, deje de beber o lo que sea. Es un buen comienzo si está de acuerdo y se disculpa. Pueda que lo sienta. Pero generalmente, no tiene la estructura interna ni las herramientas para cambiar realmente. El resultado es que la persona termina la consecuencia porque echa de menos al otro y cree en sus buenas intenciones. Este es uno de los mayores problemas que veo en el cumplimiento. Las palabras son importantes, pero requieren un cambio.

❖ Cuando el cambio ocurre a través un período de tiempo.

El tiempo es un recurso valioso. Una persona puede hacer muchos cambios que parecen saludables muy rápidamente. ¡Mira como actúan las personas en su primera cita! Pero, y recuerda esto que te puede ayudar mucho, el carácter siempre emerge a través del tiempo. Esa es la forma en que Dios nos hizo. Quienes somos, con nuestras fallas y deficiencias, aparecerá con el pasar del tiempo. El verdadero cambio resistirá la prueba. Esto no quiere decir que no habrá tropiezos y regresiones. Ten gracia y paciencia con ellos si está sinceramente tratando de cambiar. Pero conversa con personas experimentadas en estos asuntos, que han visto muchas situaciones similares, y llega a un período de cambio sostenido que indique que el *opresor* está verdaderamente haciendo las cosas de forma diferente.

Algunos con carácter más engañoso cambiarán y luego, una vez que están de vuelta en la relación, retornan a su antigua forma de ser. En su interior no cambiaron porque fuera lo correcto, sino para hacer que la persona quitara los límites que había puesto. Si observas esto, no es el fin del mundo. Es simplemente más información diagnóstica acerca de él. Sigue adelante y restablece las consecuencias. Y esta vez, con consejería, puede que quieras cambiar o alargar los requisitos.

❖ Cuando existe evidencia de cambio de corazón.

Este es un indicador muy bueno. Cuando la persona siente que fue hallada, eso es normal. Cuando siente que tiene que soportar consecuencias, eso es bueno. Pero cuando siente el dolor que te ha

causado a ti y a otros, esas son mejores noticias. Busca el verdadero
y auténtico remordimiento y contrición.

Cuando se mete en el proceso de crecimiento por sí mismo

Créele mucho a tu persona difícil si comienza a mirar a sus asuntos
y se involucra en alguna estructura para crecimiento espiritual y
personal, tal como un grupo, un pastor o terapia. No solo podría ser
una señal de que quiere realmente crecer y cambiar su comportamiento, sino que ahora tienes a más personas que te ayuden a
apoyar, monitorear y evaluar el progreso.

Cuando las personas en quienes confías están de acuerdo.

Quédate en contacto con las relaciones sanas y cuerdas que están
por ti, por el *aprieta botones* y por la relación. Podrán ver los
semáforos verdes o la luz roja que no ves. Escúchales y conoce su
perspectiva.

Cuando Dios te habla.

Mantente sintonizado con el Espíritu Santo y constantemente
pídele guía y dirección a Dios. Él conoce mejor que nadie el
corazón de tu *aprieta botones* y te ayudará cuando las cosas deban
cambiar.

DIOS Y LAS CONSECUENCIAS

Uno de los problemas mayores al establecer e imponer consecuencias, es la preocupación que hemos mencionado, que seas poco
cariñoso y dañino con tu persona. Es probable que cuanto fijes
límites la primera vez, y comienzas a cumplir, el *aprieta botones*

culpará. O los amigos y la familia podrían no apoyarte. Tu propia conciencia podrá atacarte. Por cierto, es sabio cuestionar y revisar tus motivos y cómo estás manejando la relación. Pero permite que Dios, la realidad y las relaciones sanas y cuerdas te guíen; no las protestas de aquellos que no comprenden lo que está pasando.

Puede ser de mucha ayuda saber y adoptar la posición que Dios mismo asume y las consecuencias que ha tenido que mantener con su propio pueblo. Él no disfruta nuestro dolor. No le resulta agradable. Pero tiene un diseño, un propósito y una esperanza: *que volvamos sencillamente a Él*. Volver a la relación y a Sus caminos, es lo que importa, porque si eso ocurre, casi todo lo demás en la vida termina en el lugar en que debe estar. Si la dificultad que experimentamos finalmente nos convence que es mejor volver, Él nos acoge y todo ha valido la pena.

> «...Y te convirtieres a Jehová tu Dios, y obedecieres a su voz conforme a todo lo que yo te mando hoy, tú y tus hijos, con todo tu corazón y con toda tu alma, entonces Jehová hará volver a tus cautivos, y tendrá misericordia de ti, y volverá a recogerte de entre todos los pueblos adonde te hubiere esparcido Jehová tu Dios» (Deuteronomio 30.2-3).

Piensa en estas acciones con tu persona difícil en la misma manera: simplemente quieres que *vuelva a los caminos de amor y a la responsabilidad contigo*. Cuando lo haga, estás más que dispuesto a restaurar tu corazón, y todos los otros beneficios de la relación a ella. Eso no es castigo. Es amor.

RECURSO # 7: EL PROCESO

ESTABA HABLANDO EN UNA CONFERENCIA SOBRE cómo solucionar problemas de relación. Durante un descanso, un pastor que trabaja con parejas vino y me preguntó:

—¿Qué piensa de las separaciones temporales para solucionar un serio problema relacional?

—Puede ser, pero eso depende —le dije—. ¿Qué entiende por una separación temporal?

—Bueno, cuando dos personas se apartan. Como en un matrimonio, uno sale de la casa. O en una amistad, no se contactan por un tiempo.

—¿Hay algo más que esté involucrado? —pregunté.

Pensó un momento.

—No realmente —dijo—. Supongo que para mí es como un recreo para adultos, y ambos se aquietan y piensan acerca de lo que han hecho y luego se juntan nuevamente.

—Bueno, con su descripción de separación temporal, diría que tiene un mínimo de utilidad, quizás sea hasta inútil, especialmente si consideramos los problemas por los que tiene que pasar una pareja para lograrlo.

Me preguntó qué quería decir.

—Porque el tiempo de estar separados —respondí— no es todo el proceso de sanidad. Es parte de él. Pero básicamente *el tiempo de separación solo sirve para mantener en su lugar los elementos de sanidad.* Para que una separación funcione, no se trata solo de alejarse de la toxicidad de uno y otro, o como queramos llamarle. Es mucho más la presencia de las actividades de crecimiento. La separación no es un recreo. Es, de hecho, un período muy ocupado e intencional en el que están pasando muchas cosas importantes.

Tu relación con el *aprieta botones* puede estar lejos de considerar una separación. Sin embargo, hay un proceso en el que necesitas saber cómo usar tu ventaja. Tu conexión con la persona difícil ha tomado tiempo en llegar a lo que es ahora. Lo que te ha estado trastornando probablemente no ocurrió de inmediato. Y tomará tiempo para que tu enfoque se estructure de manera que tu *opresor* viva lo que necesita experimentar, para estar dispuesto a hacer los cambios necesarios y requeridos.

Este es tu séptimo recurso: *tú eres el guardián del proceso que sigue en el tiempo con tu relación.*

El tiempo adecuado está de tu parte

El tiempo, que es solo eso: tiempo, no sana ni cambia a una persona, como tampoco sana una infección que no se trate con antibióticos. El tiempo de por sí trabaja para los fines de tu *aprieta botones*. Si no te gustan sus engaños, y simplemente esperas que cambie, él no tiene ninguna presión o influencia real para hacer algo al respecto. Puede esperar más que tú, y no sentir incomodidad alguna.

Pero la forma correcta de usar el tiempo puede ser muy productiva. Tiempo que está lleno con tu propio trabajo de crecimiento. Tiempo unido con la oración y dependencia de Dios para llegar a tu *aprieta botones* con el tipo correcto de conversación como tratamos en el capítulo nueve; y con los tipos adecuados de fronteras y consecuencias que discutimos en el capítulo diez. Este «tiempo más acción» aplica los antibióticos necesarios para lograr la diferencia que buscas.

Por lo tanto dale un enfoque activo al tiempo, en vez de una posición pasiva de «espera», lo que de todos modos por lo general se basa en el temor y el desaliento más que en la fe. Usa el tiempo para monitorear un proceso al que tu *aprieta botones* está constantemente expuesto y experimentando. Las inflexiones en su mente y alma están siendo permanentemente bombardeadas por la medicina que traes con nuestros siete recursos. Como dijimos antes, está en desventaja ante Dios y la realidad. Ciertamente es libre de frustrar el proceso, pero no será fácil que viva así. En última instancia, te gustaría que escogiera la justicia y el cambio porque es menos doloroso, y le trae más beneficios que la oscuridad y la ceguera en que vive ahora.

Aquí hay algunos aspectos sobre el uso del proceso de tiempo para que estos siete elementos se mantengan involucrados y productivos ayudando al *aprieta botones*.

Persistencia

¿Recuerdas la mentalidad de «una vez debiera bastar» que tratamos en el capítulo tres? Se refiere a que si le has dicho una vez a tu *aprieta botones* que deje de hacer lo que está haciendo, o si has puesto un límite una vez, debería mejorar. Si no lo hace, nada de esto funciona y debes probar otra cosa.

Si esta ha sido tu conclusión, estás absolutamente en lo correcto. No funciona y no debería hacerlo. Pero no es lo que presentamos en este libro. El enfoque en una persona irresponsable con su vida y comportamiento nunca debe ser considerado como un evento único, sino como *un proceso: un período de muchos actos intencionales que están integrados para crear un entorno que promueve y presiona al cambio de la persona.* Mezclas antibióticos, descanso, líquidos y otras cosas para crear el contexto de crecimiento.

Esto requiere persistencia. Tu *aprieta botones* puede honestamente no comprender lo que estás pidiendo la primera vez. O se puede hacer el tonto e ignorarte, para que desistas. Puede creer que hablas en serio. Pensar que puede esperar más que tú, intimidarte o manipularte. Contraatacar y culparte por todo.

Debes persistir. Pueda que tengas que repetir las conversaciones. Replantear las fronteras. Casi se puede garantizar que experimentarás más de una prueba al establecer y cumplir con las consecuencias. Acostúmbrate a eso y sé paciente. Recuerda cuánto demoraste en darte cuenta de algo que necesitabas cambiar, cuánto te demoró cambiar.

La persistencia y la diligencia son el tipo de atributos que no reciben mucha prensa. No son muy sexy. Sin embargo, muy pocas cosas que valen la pena en la vida ocurren sin ella. Todo el talento, la creatividad y las buenas intenciones del mundo nacerán muertas si no hay alguien que puede seguir adelante, fielmente ejecutando lo que necesita hacerse: «Los pensamientos del diligente ciertamente tienden a la abundancia; mas todo el que se apresura alocadamente, de cierto va a la pobreza» (Proverbios 21.5). Los tipos de la línea ofensiva en el fútbol estadounidense no reciben mucha gloria. ¡Pero un defensa sabio les hace saber, vez tras vez, cuánto valora y aprecia la protección de su cuerpo!

Tengo un amigo, George, cuyo *aprieta botones* es Sharon, su esposa. Por años, Sharon ha tenido una fuerte tendencia a culparlo y a criticarlo constantemente. Cosas pequeñas, cosas grandes, cosas que ha hecho mal y cosas que no ha hecho mal, todos son motivos para ella. George ciertamente no ha sido perfecto, pero de ningún modo ha merecido tal castigo. El matrimonio de George ha sido una ilustración de Proverbios 21.9: «Mejor es vivir en un rincón del terrado que con mujer rencillosa en casa espaciosa».

Jorge comenzó a vivir los principios en este libro con Sharon. Lo primero que le dijo fue: «Quiero saber cuando tu retroalimentación acerca de mí es efectiva. Pero cuando no lo sea, o cuando yo considere que te comportas de manera inapropiada, iré a otra pieza, o al patio, a leer el diario hasta que puedas hablar sin ser tan crítica». Sharon se violentaba, y George decía: «Está bien, *salgo ahora*». Y ella quedaba sola en la pieza sin nadie que le escuchara sus críticas.

Sharon estaba anclada en su posición y se resistió a aceptar que algo de esto era su culpa. En la mente de George, esto no era tan malo como para irse o llamar a otra persona. Y también estaba lo bueno del matrimonio que él apreciaba en su relación. Así que calculó: *Esto puede que nunca cambie, pero al menos me mantendrá cuerdo.* Y repetía las declaraciones de arriba y salía de la pieza, vez tras vez. Él se había persuadido a sí mismo que las cosas eran así y no iban a cambiar. Todos tienen problemas, y si ella nunca cambia, todavía la vida estaba bien.

Pero ella sí cambió. Tomó mucha repetición y apego al límite impuesto. Y de pronto se dio cuenta que George no estaba siendo difícil. No estaba enojado. Volvía de buen humor y fue agradable con ella. Esto por fin le llegó, se dulcificó y se tornó menos estridente. Persistencia, paciencia y diligencia son tus amigos con el *aprieta botones.*

Trata con la dinámica víctima-perseguidor

Un tema común en muchas relaciones *aprieta botones* es la dinámica víctima-perseguidor. Esto se refiere a lo que a menudo ocurre cuando el *opresor* es confrontado o se le ha establecido una consecuencia. En vez de arrepentirse, disculparse, sentir remordimiento, o lo que sería mejor que todo, demostrar gratitud, sentirá que está siendo víctima, y que la otra persona lo está persiguiendo. Esto puede sacar el proceso de confrontación de los rieles, y a veces esa es la intención. Cuando tu *aprieta botones* dice: «Realmente me has herido», a menudo evoca preocupación o sentimientos de culpa que no tienen nada que ver con la realidad.

Aunque siempre estamos abiertos a la posibilidad de que nuestras palabras y acciones sean crueles o inapropiadas, busca aquí un patrón particular para determinar lo que está pasando: ¿Qué hace que tu *aprieta botones* se sienta *víctima*? Si es crueldad o injusticia, cambia lo que estás haciendo. *Pero si simplemente has estado en desacuerdo, confrontado, dicho no o fijado un límite, es sospechoso.* Cuando el gatillo es la verdad, la realidad o las consecuencias, existe la posibilidad de que tu persona difícil esté recibiendo *la verdad misma como persecución.* Las raíces de esto pueden ser profundas, y a menudo son el resultado de la falta de experiencias sanas con confrontación, de modo que el *aprieta botones* no tiene aptitudes ni habilidades para reconocer la verdad como su amigo. *Para él, la gracia y salirse con la suya equivalen al amor, y la verdad y la confrontación equivalen al odio.*

Si ves esto en el proceso, no lo ignores, porque no se resuelve solo. Es un asunto de carácter y debe ser enfrentado.

Di algo como esto:

«Es difícil trabajar los problemas contigo, porque parece que la mayoría de las veces cuando te digo una realidad, piensas que estoy siendo cruel. Me gustaría trabajar en esto para que puedas sentirte bien con mi retroalimentación. Entonces quizás podamos volver a tener una buena relación que nos beneficie a ambos».

A veces, hacer de esto un área de enfoque puede ayudar a tu *aprieta botones* a desarrollar lo que se llama un ego observador, la habilidad de mirarse objetivamente a sí mismo y hacer juicios de valor de lo que uno está haciendo. Con el poder de la auto-observación, la persona puede aprender a ver cuán fácilmente cae en la danza víctima-perseguidor, y comenzar a asumir responsabilidades por sus sentimientos cuando es confrontado.

Saber qué hacer con los resultados

Realmente ocurre: ¡Este horno de crecimiento puede hornear a una persona que cambia! Sin embargo, necesitas saber qué hacer cuando veas los cambios para incrementar la posibilidad de más cosas buenas.

Demuestra aprecio. Primero, ¡alégrate y transmite esa felicidad! Desde la perspectiva de Dios, cuando alguien cambia sus caminos, hay una fiesta en el cielo: «...hay gozo delante de los ángeles de Dios por un pecador que se arrepiente» (Lucas 15.10). Tu *aprieta botones* tuvo que restringirse o arriesgarse en algunas formas nuevas e incómodas para cambiar. Más que nada, vuelve al contexto relacional. Demuéstrale cómo el amor y la unión, afirmación, respeto o lo que sea que ella valora en la relación, están ahora presentes porque está haciendo buenas movidas y elecciones. Debe quedar muy claro que un cambio no significa que las consecuencias se dejan de lado, como discutimos en el capítulo diez. Pero hay mucho que puedes hacer para reforzar el cambio, para que continúe.

Estaba dando consejería marital a una pareja cuyo matrimonio tambaleaba, especialmente porque el esposo era muy defensivo y no se mostraba dispuesto a reconocer sus faltas y debilidades. Su esposa se había desmotivado por ser siempre la mala de la película, y estaban en problemas. Después de algún trabajo para enfocar esto, un día él le dijo: «Creo que he estado procediendo muy mal por la manera como te trato». No fue una confesión elocuente, pero salió del corazón, y le creí. Su esposa fue fantástica. Lo miró y le dijo: «Sí, en verdad que así has sido, pero realmente ayuda que lo digas. Gracias». No se volvió a él plena de emoción, pero uno se podía dar cuenta que la temperatura entre ellos se había entibiado. Él se veía diferente también, como un hombre que se siente orgulloso de sí mismo por haber dado un primer paso.

Brechas y cambios graduales

A veces los *aprieta botones* experimentan adelantos notables cuando algo les llega de forma dramática y poderosa, y comprenden a un nivel mayor lo que se han estado haciendo a sí mismos y a las personas que aman. Puede ocurrir de muchas maneras: una confrontación produce una toma de conciencia repentina; Dios le habla en alguna forma misteriosa; una advertencia o consecuencia puede producir un efecto rápido; la súplica de un tercero puede tocarle. Estas son experiencias cumbre, a menudo momentos definitorios en la vida de una persona.

La mayoría del tiempo estas experiencias dramáticas no ocurren en un vacío. Por lo general, son el resultado visible de un crecimiento invisible que ha estado ocurriendo durante la aplicación firme y segura de estos recursos. Con el tiempo, las fuerzas saludables convergen para ayudar a la persona a ver lo que está haciendo. El evento dramático es la última pieza del rompecabezas, y ayuda a que todo se una.

Un hombre con quien trabajé culpaba de su adicción a la pornografía del Internet a su esposa, su estrés y a cualquiera que se le interpusiera. No estaba ni cerca de admitir que necesitaba ayuda, hasta que un día, conversando, se dio cuenta cuán hiriente había sido con su esposa. Comenzó a sollozar sin control y terminó en una posición casi fetal en el piso, cargado de remordimiento por lo que le había hecho a ella. Nunca más fue el mismo y ha cambiado de muchas maneras profundas. Pero, si miraras su vida en los meses y años anteriores a esa experiencia, verías que muchas personas habían estado orando, sus amigos lo habían estado regularmente confrontando en amor; había sufrido pérdidas relacionales y otras debido a su hábito; su esposa había permanecido con él, aunque no se sentía segura a su lado. Estas experiencias son a veces de naturaleza milagrosa, y otras sin misterio.

Sin embargo, no son la única forma en que ocurre el cambio en tu *aprieta botones*. A veces aparecen unos pequeños y graduales. Aunque sin tanto dramatismo, son causas de regocijo y de intensos momentos de reconocimiento. A veces un adulto inmaduro será agradecido en vez de exigente. Un amigo taciturno pedirá ayuda. Un jefe controlador apoyará más y se relacionará mejor. Una persona espiritual en la iglesia admitirá que tiene luchas en algún área.

A veces los cambios graduales son meros comportamientos, tal como el de una persona enojada que controla el impulso de explotar, o un alcohólico derrochador que reduce este gasto durante varios meses. En este tipo de casos, los patrones de comportamiento pueden aparecer aun antes que la persona admita que han estado fuera de control. Esto quiere decir que las presiones funcionan y responden, porque en algún nivel quieren evitar el dolor que produce su comportamiento, aun antes de decirlo a sí mismas, u a otros, que tienen la culpa. La conciencia del problema es a veces el resultado de la cura, y no la causa. Ayuda saberlo, para que si ves estos cambios graduales de comportamiento sin confesión ni admisión, no te desilusiones. Es una buena señal, y cuando es seguida por confesión en la medida que la persona continúa creciendo, llega a ser segura y lo suficientemente humilde para enfrentar la verdad.

Aunque veas cambios graduales o intensos, es bueno. Sin ser condescendiente, reconoce los cambios en tu persona difícil y trabaja con tu equipo de apoyo en lo que parece estar funcionando y por qué lo está haciendo. Sigue adelante con el programa.

Duelo y adaptación

Durante el proceso, seguramente serás cambiado tanto como tu *aprieta botones*, y a veces más. Un probable cambio para ti es la necesidad de llegar a términos con tu propio duelo, y aprender a adaptarte a lo que es real. Esto es porque el proceso es casi siempre acompañado de fracasos, regresiones, escalamientos y períodos en los que no pasa nada. Puede ser que los cambios se están produciendo mucho más lentamente de lo que querías. Eso es asunto de adaptarse y arreglárselas, además de enfrentar los sentimientos de tristeza y de pérdida.

Existe siempre también la posibilidad de que tu persona difícil no haga ningún cambio a través del tiempo, no importa cuánto te acerques a ella. Eso ciertamente es una desilusión seria para ti y para la relación. Debes estar preparado para encarar tu tristeza y los sueños perdidos que has tenido al respecto.

La habilidad de apenarte y adaptarte funciona para ti, aun cuando el *aprieta botones* no esté respondiendo. Te permite aceptar y procesar a través de lo que es real y actual, para que puedas ajustarte a lo que sigue. Aumentan tus posibilidades de ver cambios en tu *opresor* si permites que tus sentimientos de tristeza te mantengan en sintonía con lo que es verdadero en la relación.

Aunque significaría una enorme pérdida que tu *aprieta botones* no se moviera ni cambiara a través de todo este esfuerzo, no es el fin de la vida. Esta puede ser algo muy bueno para ti, independientemente del progreso o falta de progreso de esa persona.

En el capítulo seis hablé acerca de tratar con las dependencias que puedas tener de tu *aprieta botones*. Esperar y desear su cambio es muy diferente a depender del mismo para tener una vida realizada. De hecho, si tienes este tipo de dependencia en una buena relación, te arriesgas a perderla. Depende de Dios, en su proceso de cambio y en un sistema de apoyo seguro y cariñoso. Desde ese punto fuerte de ventaja, sigue cuidando de tu persona difícil. Y confía en el interés de Dios para volverlo en sí.

Tengo un amigo cuya esposa es una persona muy difícil. Es bastante infeliz y negativa y tiende a contagiar a otras personas con la enfermedad. Llevan casados mucho tiempo. Él la ha amado fielmente, aunque no ha sido fácil. Ha usado sus recursos para promover cambios, a veces mucho, y otras veces no tanto. Hasta ahora ella no parece responder.

Pero si lo entrevistaras y le preguntaras acerca de su vida, estoy seguro que este hombre diría: *Tengo una buena vida*. Él no siente que ella le ha robado la felicidad de su vida. Ha trabajado mucho en la habilidad de distanciarse de sus facetas hirientes, de modo que ya no es dañado por ella. Disfruta lo bueno de ella y los buenos tiempos que comparten. Tiene una fe profunda, y está involucrado en su iglesia y ayudando a los menos afortunados. Tiene amigos buenos y sanos y muchos intereses en la vida. Tiene que dejar ir lo que no puede lograr con ella, pero mantiene una tensión esperanzadora de que aún puede haber cambio. Uno nunca sabe. Solo lo sabe Dios.

En ocasiones en que la gente me pregunta: *¿Cuándo me debo dar por vencido con mi aprieta botones?*, les digo: «Nunca, mientras estén vivos. Entregue la demanda y el requerimiento de que deben cambiar. Pero siga esperando y siga haciendo todas las cosas que podrían hacer una diferencia mañana». Esa es la forma de vivir el tipo de esperanza que Dios provee: «Y el Dios de esperanza os llene de todo gozo y paz en el creer, para que abundéis en esperanza por el poder del Espíritu Santo» (Romanos 15.13).

CONCLUSIÓN:
RELACIONES RECONCILIADAS

TENER UNA RELACIÓN DIFÍCIL TIENDE A REDUCIR la vida y nos reduce a nosotros a lo esencial. Vivir en tensión entre amar profundamente a alguien, y a la vez abrazar su libertad para que no corresponda a tu amor, nos ayuda a comprender lo que es realmente importante, y lo que no lo es. ¿Qué es lo que verdaderamente importa en el esquema de las cosas, excepto esos grandes temas como Dios, relaciones, amor, verdad, crecimiento y reconstrucciones? No puedo pensar en mucho más que estos pocos.

En ese espíritu aprende a agradecer a Dios por usar a tu *aprieta botones* para disponer de tal manera las cosas que somos librados de la futilidad de pasar nuestros días vagando en la tierra, ajenos a las personas y actividades que deben llenar la existencia con propósito y significado.

Habiendo dicho eso, es bueno replantearse el concepto total de relación, y cómo te afecta a ti a tu persona difícil. Él está en tu vida, y tú en la suya para un propósito, y ese propósito siempre trata de crecimiento y redención. Tú debes ayudar a su crecimiento y él al tuyo. No cometas el error de mirarlo como una maldición que debes soportar, una carga a la que debes sobrevivir, un problema a solucionar o, peor aun, un proyecto que debes completar. Él, como tú, necesita gracia y perdón, además de límites y consecuencias.

Todos los recursos que traes para ejercer presión sobre la reparación y cambio tienen gran poder y potencial, porque son dados por Dios, quien desea que todos nosotros volvamos a Él y crezcamos a Su imagen. Por lo que no apartes tu mente ni tu visión de lo que probablemente fue tu esperanza inicial para la conexión: que algún día puedas disfrutar de la presencia y compañerismo de esa persona, sin tener que seguir advirtiendo, confrontando, cuidando y limitando. En última instancia, camina hacia una relación que, cuando el tiempo y las circunstancias lo permitan, esté marcada y definida más por la confianza y la gracia que por la estrategia y la presión.

Cuando nace un niño, lo primero que ve es la cara de su madre mientras ella le sonríe y le da la bienvenida a la tierra de la vida. El niño asimila la seguridad y calidez que siente allí. En los años adultos, cuando dos personas se casan o establecen una amistad profunda, vislumbran esos momentos cuando pueden sentarse quietamente juntos, sin necesidad de palabras, porque están sintonizados. Y en los últimos momentos de nuestras vidas, cada uno de nosotros desearía estar rodeado de las personas que más nos han significado, sosteniendo nuestra mano y expresándonos su cariño, al entregarnos a las manos de Dios. Su diseño es que tu relación crezca y se transforme en una que puede entregar ese tipo de cuidado y amor mutuo entre ambos.

En resumen, deriva de la Fuente de toda reconciliación y crecimiento, que es Dios mismo. Él nunca deja de esforzarse, de muchas maneras distintas, para traer a una raza difícil y descarriada a la comunión con Él: «Y andaré entre vosotros, y yo seré vuestro Dios, y vosotros seréis mi pueblo» (Levítico 26.12). Al caminar en fe hacia el cambio, crecer en tu propia vida y ayudar a tu persona difícil a cambiar, estás tomando tu lugar en el gran plan y diseño de Dios. Es una buena forma de vivir la vida.

Que Dios te bendiga.

NOTAS FINALES

Capítulo 1

1. *Raising Great Kids* (Zondervan, Grand Rapids, MI, 1991).
2. Mi libro *Hiding from Love* (Zondervan, Grand Rapids, MI, 1991) trata este proceso en detalle.

Capítulo 5

1. Ver *Boundaries: When to Say Yes and When to Say No to Take Control of Your Life* (Zondervan, Grand Rapids, MI, 1991) por Henry Cloud y yo, acerca de estas y otras leyes de relación y responsabilidad.

ACERCA DEL AUTOR

El doctor JOHN TOWNSEND es un conferencista recono-
cido, psicólogo, co anfitrión de un programa radial a escala
nacional y co fundador de la clínica Cloud-Townsend
Clinic. Entre sus muchos libros se incluye el éxito de librería
Límites, también escrito con el doctor Dr. Henry Cloud. Tiene su
práctica privada en el sur de California, donde vive con su esposa,
Barbi, y sus dos hijos.

¿QUIÉN APRIETA TUS BOTONES?

¿QUIÉN APRIETA TUS BOTONES?

.

¿QUIÉN APRIETA TUS BOTONES?

¿QUIÉN APRIETA TUS BOTONES?

¿QUIÉN APRIETA TUS BOTONES?